O QUE É O ESPIRITISMO

ALLAN KARDEC

★

O QUE É O ESPIRITISMO

Introdução ao conhecimento do mundo invisível
pelas manifestações dos Espíritos

★

Resumo dos princípios da Doutrina Espírita
e resposta às principais objeções

Tradução de
JÚLIO ABREU FILHO

EDITORA PENSAMENTO

Ano

03-04-05-06-07-08-09-10

Direitos reservados
EDITORA PENSAMENTO-CULTRIX LTDA.
Rua Dr. Mário Vicente, 368 – 04270-000 – São Paulo, SP
Fone: 272-1399 – Fax: 272-4770
E-mail: pensamento@cultrix.com.br
http://www.pensamento-cultrix.com.br

Impresso em nossas oficinais gráficas.

ÍNDICE

Prefácio à Edição Brasileira 9
Prólogo 15
Introdução 17

CAPÍTULO I — Pequena Conferência Espírita 23
                O Crítico 25
                O Céptico 37
                O Sacerdote 88

CAPÍTULO II — Noções Elementares de Espiritismo . . 113
                Observações Preliminares 115
                Dos Espíritos 117
                Comunicações com o mundo invisível . . . 120
                Fim providencial das manifestações Espíritas 129
                Dos médiuns 130
                Escolhos dos médiuns 134
                Qualidades dos médiuns 137
                Charlatanismo 141
                Identidade dos Espíritos 142
                Contradições 143
                Conseqüências do Espiritismo 144

CAPÍTULO III — Solução de alguns problemas por meio da Doutrina Espírita 149
                Pluralidade dos mundos 151
                A alma 152
                O Homem durante a vida terrena . . . 154
                O Homem após a morte 163

PREFÁCIO

A rigor este livro dispensaria um prefácio. Via de regra este é uma elogiosa apresentação, ou um resumo do conteúdo do livro, ou, ainda, uma recomendação do autor. Pareceu-nos, entretanto, que o presente volume necessitava de um prefácio.

O livro é exatamente o que diz o título: "O QUE É O ESPIRITISMO. *O autor dispensa apresentações. Quem não sabe quem foi Allan Kardec? Mesmo os que fingem ignorá-lo ou, com segundas intenções, buscam denegrir a sua figura, sabem quem foi o médico francês, filósofo, pedagogo e teólogo; sabem de sua vasta cultura especializada em vários campos, como o da Biologia, da Fisiologia, das Matemáticas, da Astronomia; sabem-no autor de cerca de duas dezenas de obras didáticas, ao tempo adotadas oficialmente pelo governo francês.*

Por que, então, um prefácio?

Por isto: esboça-se na alta direção do Espiritismo nacional uma tendência, cujos propósitos bem compreendemos, de diminuir o valor de Allan Kardec, tirando o caráter científico do imenso trabalho da Codificação da Doutrina dos Espíritos, por ele realizado, reduzindo-o a um simples místico.

E é preciso repor as coisas nos seus devidos lugares e nas suas justas proporções. É o que tentaremos nestas linhas, que julgamos melhor situadas neste volume do que em qualquer outro da coleção de suas obras, que esta editora está em vias de lançar, em tradução nossa.

Allan Kardec nasceu em meio católico; educou-se em ambiente protestante; fez estudos universitários onde adquiriu o conhecimento das cadeiras fundamentais através de uma orientação materialista ou, pelo menos, agnóstica, como de praxe em estudos superiores; ainda

9

estudante, interessou-se pelo Magnetismo e pelo Hipnotismo, então em voga. Mestre por vocação e por hábito, pois ensinara desde os tempos de estudante, escreveu inúmeras obras didáticas, inclusive de gramática de sua própria língua; dirigiu cursos de variadas disciplinas, inclusive de matéria médica, o que lhe desenvolveu e aperfeiçoou a capacidade de exposição e a segurança de linguagem. É ele um dos mais claros expositores na língua francesa.

Quando se iniciaram na França os divertimentos de salão com as mesas girantes e falantes, seu cepticismo fez uma crítica severa e justa; quis, porém, ver e ouvir. Viu a mesa erguer-se ao simples contato do médium e, mesmo, sem contato; mover-se para um lado e para o outro. Não era uma ilusão, porque se erguia tão alto que a gente passava por baixo sem flexão, e, às vezes, caía fragorosamente, arrancando o tampo ou deslocando as pernas... Tais movimentos davam sinais de inteligência: batiam tantas pancadas quantas eram pedidas; contavam o número de pessoas presentes ou o número de ordem das letras do alfabeto. Allan Kardec concluiu, logicamente, que sendo tudo isto um efeito inteligente, inteligente deveria ser a sua causa.

Mas quem era? Eis o que deveria ser estabelecido.

Pensou-se na projeção mental dos presentes. Admitindo que assim fosse, tinha que admitir-se, por via de conseqüência, uma ação exterior à matéria, uma verdadeira transformação da força psíquica em força mecânica. Como, porém, explicar a ação dessa força mecânica sobre o móvel? qual o mecanismo de contato? Isso já era um golpe no materialismo avassalador da época.

Era algo que transcendia os sentidos físicos. E, desde que dava inegáveis indícios de inteligência; desde que, em muitos casos, as respostas contrariavam a opinião geral dos assistentes; desde que se verificou que determinadas pessoas facilitavam a produção dos fenômenos, ou, até, que estes não ocorriam em sua ausência, foi possível estabelecer-se que: i — os assistentes podiam ou não contribuir para a formação de um meio simpático ou favorável à produção do fenômeno, ainda quando tais assistentes não tivessem idéias preconcebidas a tal respeito, mesmo porque estas ainda não haviam gerado uma orientação filosófica; ii — a causa era inteligente, estranha ao meio, com vontade própria e se manifestava com maior ou menor facilidade, consoante a maior ou menor sintonia oferecida pelo ambiente; iii — esta causa eram as almas dos mortos, isto é, os Espí-

ritos; algumas vezes eram Espíritos de pessoas vivas, momentaneamente emancipados por via de sono material ou provocado. Não foi uma hipótese: foi a declaração peremptória dos manifestantes. Era o ponto de partida da Doutrina dos Espíritos. Primeiro as pancadas, como alguém que nos bate à porta, buscando um encontro; em seguida, se desconhecidas, essas criaturas apresentavam-se e, se conhecidas, identificavam-se; depois umas e outras descreviam esse novo plano de vida, no qual se continua a sua, isto é, a nossa intérmina evolução. Que há de absurdo nisso? Nada? O homem também não vê os infinitamente pequenos; a olho nu apenas vê alguns milhares de corpos siderais. Entretanto o microscópio nos revela a maravilha de milhares de microorganismos, cujas funções específicas são hoje perfeitamente conhecidas, do mesmo modo que o telescópio nos revela milhares de milhões de corpos siderais, muito mais importantes que a nossa Terra, o nosso Sol e os nossos Planetas.

Muita gente esquece que o papel do homem de ciência não é considerar apenas aquilo que cai sobre o campo iluminado da pesquisa, mas, também, aquilo que se acha na zona de penumbra, com o que vai, pouco a pouco, reduzindo o campo escuro do desconhecido. Como quer que seja, Allan Kardec procedeu segundo os métodos científicos. Tanto é verdade que suas experiências e as idéias por ele codificadas como pertinentes aos Espíritos — e que chamou Doutrina dos Espíritos, com absoluta precisão de linguagem — de início foram aceitas por homens da mais alta classificação intelectual. Dirigia-se ele, sobretudo, à razão das criaturas, que nem podiam aceitar os dogmas das religiões, nem o beco sem saída da ciência oficial, materialista ou agnóstica.

Não fez como, mais tarde, o faria Charles Richet, o mais eminente pesquisador destes assuntos, que teimosa e preconcebidamente erigiu dezenas de hipóteses para explicar — mas sem êxito — o conjunto dos fenômenos espíritas, contanto que não confessasse serem produzidos pela alma dos mortos, relegando tal confissão para fazê-la particularmente, na célebre carta ao seu amigo e não menos eminente pesquisador Ernesto Bozzano. Não fez como a Society for Psychical Research, organismo que conta um milhar de associados por todo o mundo, entre os quais ilustres homens de ciência e os mais peregrinos talentos, alguns dos quais membros da Sociedade Real ou Membros do Instituto, as mais altas distinções honoríficas da Inglaterra e da França; desde 1882 aquela associação inglesa tem feito um trabalho notabilíssimo para provar, excluídas as hipóteses *de fraude, embuste ou sugestão — e o tem conseguido — que toda essa gama imensa de fenômenos* criptopsíquicos, *de manifestações que extravasam dos limites normalmente assinados à ciência clássica, estão, aos milhares, rigorosamente examinados no seu* processus, *estabelecidos e classificados. Apenas, e infelizmente, ante essa enorme casuística, foge ela de confessar qual a geratriz desses fenômenos, deixa de rasgar o véu que ainda encobre esse campo imenso, que fica para além dos túmulos onde se sepultam as nossas misérias e onde se liberta o nosso Eu Superior.*

Fazem metapsíquica, ou Espiritismo científico; corroboram o que fez Allan Kardec; mas não avançam uma polegada.

Não temeu Allan Kardec lhe viesse acontecer o que mais tarde sucederia a Paul Gibier — eminentíssimo homem de ciência da França, com enorme bagagem de trabalhos experimentais no Instituto Pasteur — obrigado a exilar-se, a emigrar para os Estados Unidos, a abandonar a Academia e outros centros científicos da França simplesmente porque, pesquisando os fenômenos espíritas, fora de qualquer traço de misticismo, concluíra pela corroboração da obra kardeciana. O mundo científico francês fechou-lhe as portas. Ele abandonou a pátria e as mais altas posições a que poderia aspirar, para não abandonar a Verdade.

Richet e outros "científicos" preferiram uma acomodação, um modus vivendi *com o obscurantismo dominante apoiado na ciência oficial. Remeteram-se para aquela zona de penumbra.*

Não assim Kardec.

Enquadrando-se nas tarefas previamente aceitas por seu Espírito, investigou sob critérios seguros, a fim de ter elementos científicos para uma generalização. E deixou aos outros o luxo da multiplicação documentária dos fatos, mesmo porque, — sabia-o ele muito bem — uma extensa casuística geralmente mostra que os fatos apresentam períodos, ou uma disposição cíclica, onde os resultados se superpõem, sem maior influência no percentual dos seus típicos aspectos fundamentais. Assim, entrou firmemente, corajosamente no terreno das generalizações amplíssimas, em que a extensão não perdeu profundidade, e legou-nos as linhas mestras de uma filosofia realmente científica, *porque estabelecida* a posteriori, *sobre a vigorosa verificação dos fatos.*

Fez, assim, um trabalho científico no campo do Espiritismo, pelas generalizações, pela amplidão das conseqüências, jamais igua-

lado por nenhum investigador deste vasto e nobre campo do conhecimento humano.

Ora, esses fatos versaram pontos pertinentes aos fundamentos reais de todas as religiões. Por isso Allan Kardec afirmou que o Espiritismo era uma filosofia científica de conseqüências religiosas. Disse-o ao lançar o primeiro volume de sua obra espírita; disse-o, mais tarde, no presente volume; disse-o sempre e o sustentou até o fim de sua vida exemplar naquela última conferência proferida cinco meses antes de desencarnar-se — e que constitui o seu testamento filosófico. Ela se acha integralmente no número de Dezembro de 1868 de REVUE SPIRITE.

Quem estuda a obra kardeciana com carinho e honestidade verifica o seguinte: i — ela pede compreensão e nunca interpretação, tal a divisão clara dos temas e dos aspectos particulares, tal a precisão da linguagem; ii — Allan Kardec não se prendeu aos atrativos da pesquisa científica em si mesma, mas aos atrativos mais amplos e mais belos da filosofia decorrente; iii — teve uma visão mais larga e uma coragem imensamente maior do que todos aqueles que hoje são apontados como os criadores do Espiritismo científico, conforme a apreciação fácil de alguns dos nossos crentes um tanto fanáticos e despreparados; iv — teve uma conduta moral irrepreensível, no que tange ao aspecto religioso da Doutrina Espírita.

Este aspecto religioso está concentrado nas dezoito linhas iniciais de seu livro O EVANGELHO SEGUNDO O ESPIRITISMO, *conforme a nossa tradução rigorosa, onde começa ele dividindo a matéria dos Evangelhos em cinco partes:* "Os atos ordinários da vida do Cristo; os milagres; as profecias; as palavras que serviram para o estabelecimento dos dogmas da Igreja; e o ensino moral." *Excluindo daquele livro as quatro primeiras partes, discutidas e discutíveis, considera apenas a última, por todos respeitada — inclusive pelos incrédulos, e acrescenta:* "Esta parte constitui o objeto exclusivo da presente obra."

Que significa tudo isto? Que religião, no ponto de vista espírita, é comportamento, é conduta moral.

Por isso no presente volume, que é uma síntese da Doutrina, Allan Kardec admitia que certas pessoas ainda continuassem ligadas às suas igrejas (pelo menos enquanto das mesmas não fossem expulsas), posto que admitindo o Espiritismo como esclarecedor de princípios gerais de sua religião. Nunca, porém, disse que os espí-

ritas verdadeiros seriam *estes ou aqueles, pois tal afirmação implicaria no reconhecimento da existência absurda* de falsos espíritas.

Sendo o Espiritismo, como ele mesmo tanto insistiu, uma doutrina filosófica, no seu meio não há lugar para a existência de falsos espíritas. O que há no nosso ambiente espírita — e precisa desaparecer, por um intenso e bem planificado trabalho esclarecedor — é um fanatismo religioso de criaturas despreparadas.

O mais que se disser à guisa de interpretação dos escritos do mestre de Lyon é destituído de lógica e não resiste aos argumentos contidos no presente volume.

JÚLIO ABREU FILHO

PRÓLOGO

As pessoas que do Espiritismo têm apenas um conhecimento superficial sentem-se naturalmente impulsionadas a fazer certas perguntas, cuja solução encontrariam num estudo profundo. Falta-lhes, porém, tempo e, sobretudo, vontade de entregar-se a observações sistemáticas. Antes de começar semelhante tarefa, talvez quisessem ao menos saber do que se trata e se vale a pena a gente se ocupar do assunto. Assim, pois, pareceu-nos útil oferecer, resumidamente, a resposta que deve ser dada às principais perguntas, que nos enviam diariamente.

Para o leitor valerá por uma primeira iniciação; para nós será um ganho de tempo, pois ficamos dispensados de repetir constantemente a mesma coisa.

Na *Introdução* damos um rápido golpe de vista sobre a história do Espiritismo na antiguidade, ao mesmo tempo que expomos seu aparecimento mais acentuado, nestes últimos tempos, na América e na Europa, especialmente na Europa, onde foi possível reunir o maior número de elementos para a constituição de um corpo de doutrina.

O primeiro capítulo contém, em forma de diálogo, respostas às objeções mais comuns, feitas pelos que ignoram os rudimentos fundamentais da doutrina, bem como a refutação dos principais argumentos de seus adversários. Tal forma nos pareceu a mais conveniente porque foge da aridez da forma dogmática.

O segundo capítulo é consagrado à exposição sumária das partes da ciência prática e experimental. Na falta de uma instrução mais completa, nela deve fixar a atenção o observador noviço, a fim de poder julgar com conhecimento de causa. É, de certo modo, um resumo de O LIVRO DOS MÉDIUNS. Freqüentemente as objeções são filhas das idéias falsas, feitas *a priori* daquilo que desconhecemos. Retificando as idéias evitam-se as objeções. Tal o escopo do presente livrinho.

O terceiro capítulo pode considerar-se como um resumo de O LIVRO DOS ESPÍRITOS. É a solução, por meio da Doutrina Espírita, de um certo número de problemas do mais alto interesse, pertencentes à ordem psicológica, moral e filosófica, que se nos apresentam diariamente, aos quais, entretanto, até hoje nenhuma filosofia apresentou solução satisfatória. Tentem resolvê-los por qualquer outra teoria e sem a chave proporcionada pelo Espiritismo e verão quais as respostas mais lógicas, quais as que melhor satisfazem à razão.

Este ponto de vista não é útil apenas aos novatos, os quais, em pouco tempo e com menor esforço, poderão adquirir as noções essenciais, mas também, e muito, aos adeptos, aos quais proporcionará meios de responder às primeiras objeções, que nunca deixam de ser feitas, além da vantagem de encontrarem reunidos, num quadro ligeiro, mas num conjunto completo, os princípios que nunca se devem perder de vista.

Para responder logo de começo e sumariamente, à pergunta que serve de título a esta obra, diremos:

O Espiritismo é simultaneamente uma ciência de observação e uma doutrina filosófica. Como ciência prática, consiste nas relações que podem estabelecer-se com os Espíritos; como filosofia, compreende todas as conseqüências morais decorrentes dessas mesmas relações.

Podemos defini-lo assim:

O Espiritismo é uma ciência que trata da natureza, da origem e do destino dos Espíritos e de suas relações com o mundo corpóreo.

INTRODUÇÃO

Em 1848, nos Estados Unidos da América do Norte, chamaram a atenção diversos fenômenos estranhos, consistentes em ruídos, pancadas e movimentos de objetos sem causa aparente. Freqüentemente, os fenômenos ocorriam espontaneamente, com uma persistência e uma intensidade regular. Foi notado, também, que se produziam mais particularmente sob a influência de certas pessoas mais tarde designadas sob o nome de médiuns, as quais, até certo ponto, podiam provocá-los à vontade. Isto permitiu que se fizessem experiências. Com freqüência serviam-se de mesas, não porque elas fossem mais indicadas que outros objetos, mas porque eram mais cômodas e permitiam que com mais facilidade e mais naturalidade se sentassem em seu redor, o que não se dava com outros móveis. Deste modo obtiveram a rotação da mesa, movimentos em todos os sentidos, saltos, quedas, elevações, pancadas violentas, etc.

De um modo geral este fenômeno foi designado com o nome de *mesas girantes* ou *dança das mesas*.

Até aqui o fenômeno podia ser explicado perfeitamente por uma corrente elétrica ou magnética, ou, ainda, pela ação de um fluido desconhecido.

Foi esta a primeira opinião. Não tardou, porém, que nos fenômenos fossem reconhecidos efeitos inteligentes, de maneira que os movimentos obedeciam a uma vontade. A mesa se dirigia para a direita e para a esquerda de uma determinada pessoa, levantava-se, quando isto era pedido, sobre um dos pés, dava um número de pancadas previamente indicado, marcava o compasso de uma música, etc. Desde então ficou provado à evidência que a causa não era puramente física e, segundo o axioma de que *se todo efeito tem uma causa, todo efei-*

to inteligente deve ter uma causa inteligente, deduziu-se que a causa desse fenômeno deveria ser uma inteligência.
Qual a sua natureza? Era a questão.

O primeiro pensamento foi que podia ser o reflexo da inteligência do *médium* ou dos assistentes. A experiência, porém, provou logo a impossibilidade desta hipótese, pois foram obtidas coisas completamente estranhas ao pensamento e ao conhecimento das pessoas presentes e, até, em contradição com as suas idéias, a sua vontade e os seus desejos. Assim, não poderia provir senão de um ser invisível.

Muito simples era o meio de tirar a prova disto: tratou-se de entrar em entendimentos com esse ser, o que foi feito por meio de um número convencionado de pancadas para significar *sim* ou *não,* ou para designar as letras do alfabeto. Deste modo foram obtidas respostas a diversas perguntas que se faziam.

Interrogados por este processo sobre a sua natureza, todos os seres que se comunicavam declaravam-se *Espíritos* e que pertenciam ao mundo invisível. Tendo-se produzido os mesmos efeitos num grande número de localidades por meio de diversas pessoas e, além disso, tendo sido observados por homens muito respeitáveis e ilustres, não era possível que todos fossem vítimas de uma ilusão.

Da América o fenômeno passou à França e ao resto da Europa. Durante alguns anos as mesas girantes ou falantes estiveram em moda, tornando-se o divertimento dos salões.

Entretanto logo o fenômeno apresentou um novo aspecto, que o tirou do círculo da mera curiosidade.

As comunicações por pancadas eram lentas e incompletas. Observou-se, porém, que adaptando um lápis a um objeto móvel, como uma cestinha, uma mesa pequenina ou outra coisa, sobre a qual se apoiassem os dedos, o objeto se punha em movimento e traçava as letras. Mais tarde ainda foi reconhecido que tais objetos não passavam de acessório, dos quais poderia prescindir-se. Demonstrou a experiência que, atuando sobre um corpo inerte, a fim de o dirigir à vontade, poderia o Espírito atuar do mesmo modo sobre o braço ou a mão para que esta conduzisse o lápis. Obtiveram-se, assim, os *médiuns escreventes,* isto é, pessoas que escreviam de modo involuntário, sob o impulso dos Espíritos de modo que aquelas vinham a ser instrumentos ou intérpretes destes.

Desde esse momento as comunicações não tiveram limites e o intercâmbio pôde ser feito com tanta rapidez e extensão como entre as pessoas vivas. Era, porém, um vasto campo que se abria à investigação, a descoberta de um mundo novo — o mundo dos invisíveis, assim como o microscópio havia descoberto o mundo dos infinitamente pequenos.

Que Espíritos são estes? que destino têm no Universo? com que objetivo se comunicam com os mortos? Tais foram as primeiras perguntas, cuja resposta buscava obter-se. Em breve por eles próprios ficou-se sabendo que não eram seres excepcionais da criação, mas as mesmas almas dos que tinham vivido na Terra e em outros mundos que, depois de despojados de seu invólucro corpóreo, essas almas povoavam e percorriam os espaços.

Já não era lícito pôr-se em dúvida, de vez que entre esses Espíritos se reconheciam parentes e amigos, com os quais se entabulavam conversas, e que vinham dar provas de sua existência, demonstrar que apenas o corpo morre, que a alma ou Espírito vive sempre; então fizeram-nos compreender que estão aqui, ao nosso lado, como durante sua existência material; que nos vêem, observam-nos e que, solicitamente, rodeiam àqueles a quem amaram e cuja recordação lhes é uma suave satisfação.

Os golpes e os movimentos são para os Espíritos um meio de atestar a sua presença e chamar a nossa atenção, do mesmo modo por que faria uma pessoa que nos bate à porta. Uns há que se não limitam aos ruídos moderados: produzem um ruído semelhante ao de uma baixela que se quebra, de portas que se abrem ou se fecham ou, ainda, de móveis arrastados pelo chão.

Por meio de tais golpes e de movimentos convencionais, puderam exprimir o seu pensamento. A escrita, porém, pôs ao seu alcance um meio mais completo, mais rápido e mais cômodo e, por isso, o preferem a qualquer outro.

Do mesmo modo que podem formar caracteres, podem guiar a mão para fazer desenhos, escrever música, executar uma peça de música num instrumento qualquer. Numa palavra: em falta de corpo próprio, que não mais possuem, servem-se do corpo do médium, a fim de se manifestarem aos homens de modo sensível.

Também podem os Espíritos manifestar-se de muitas maneiras, entre outras pela visão e pela audição. Certas pessoas, chamadas *médiuns audientes* têm a faculdade de ouvi-los e, assim, podem com eles conversar; outros os vêem; são os *médiuns videntes*. Quando os Espíritos se apresentam às suas vistas, geralmente revestem uma forma análoga à que tinham em vida, posto que vaporosa; outras vezes essa forma tem todas as aparências de um ser vivo, chegando a produzir uma ilusão tão completa a ponto de ser tomada por uma criatura em carne e osso; com elas é possível conversar, apertar-lhes as mãos, sem nos apercebermos de que se trata de Espíritos, senão quando desaparecem instantaneamente.

A visão geral e permanente dos Espíritos é muito rara; mas as aparições individuais são muito freqüentes, sobretudo no momento da morte. Desprendendo-se do corpo, parece que o Espírito se apressa em ir ver os parentes e amigos, como se quisesse adverti-los de que acaba de deixar a Terra e lhes demonstrar que ainda vive. Se cada um evocar as suas recordações, verá quantos casos autênticos desse gênero, e dos quais não fez conta, não só teriam ocorrido à noite, durante o sono, como em pleno dia, no estado da mais completa vigília.

Outrora tais ocorrências eram consideradas sobrenaturais e maravilhosas e eram atribuídas à magia e ao bruxedo. Hoje os incrédulos os tomam a conta da imaginação. Desde, porém, que a ciência espírita lhes deu a chave, sabemos como se produzem, e ainda, que não se encontram fora da órbita dos fenômenos naturais.

Não obstante, o Espiritismo não é uma descoberta moderna. Os fatos e os princípios, sob os quais ele repousa, se perdem na noite dos tempos, pois seus traços se acham nas crenças dos povos, em todas as religiões, na maior parte dos escritores sacros e profanos. Apenas que, incompletamente observados, os fatos foram freqüentemente interpretados conforme as idéias supersticiosas da ignorância e sem que dos mesmos tivessem sido deduzidas todas as conseqüências.

Efetivamente o Espiritismo está baseado na existência dos Espíritos; mas, desde que estes não são mais que as almas dos homens, desde que há homens, há Espíritos. Assim, o Espiritismo nem os descobriu, nem os inventou. Se as almas ou Espíritos se manifestam aos vivos, é que isto é natural e, conseqüentemente, o fizeram em todos os tempos. Assim, em todas as épocas e em toda parte encontram-se provas de sua manifestação, as quais são abundantes sobretudo nos relatos da Bíblia.

O que há de moderno é a explicação lógica dos fatos, o conhecimento mais completo da natureza dos Espíritos, de sua missão e de seu modo de agir; a revelação do nosso estado futuro e, enfim, a constituição dele num corpo científico e doutrinário e suas múltiplas aplicações. Os antigos conheciam o princípio; os modernos conhecem as minúcias. Na antigüidade o estudo desses fenômenos era privilégio de certas classes, que só o revelavam aos iniciados nesses mistérios; na Idade Média os que com ele se ocupavam ostensivamente eram tidos como feiticeiros e queimados vivos; hoje, porém, já não há mistérios para ninguém, ninguém é queimado, tudo se faz à luz meridiana e todo o mundo está disposto a instruir-se e praticar. Porque em toda parte se encontram médiuns e cada um pode sê-lo mais ou menos.

A doutrina hoje ensinada pelos Espíritos nada tem de novo; seus fragmentos são encontrados na maior parte dos filósofos da Índia, do Egito e da Grécia, e se completam nos ensinos de Jesus Cristo. A que vem, pois, o Espiritismo? Vem confirmar com novos testemunhos e demonstrar com os fatos, verdades desconhecidas ou mal compreendidas e restabelecer em seu verdadeiro sentido aquelas que foram mal interpretadas ou deliberadamente alteradas.

O que é certo é que nada de novo ensina o Espiritismo. Mas será pouco provar de modo patente e irrecusável a existência da alma, sua sobrevivência ao corpo, sua individualidade após a morte, sua imortalidade, e as penas e recompensas futuras?

Sob o ponto de vista religioso, o Espiritismo tem por base os verdadeiros fundamentos de todas as religiões: Deus, a alma, a imortalidade, as penas e recompensas futuras. Mas é independente de qualquer culto particular. Seu fim é provar a existência da alma aos que a negam ou que disso duvidam; demonstrar que ela sobrevive ao corpo e que, após a morte, sofre as conseqüências do bem e do mal que haja feito durante a vida terrena — e isto é comum a todas as religiões.

Como a crença nos Espíritos é igualmente de todas as religiões, assim como é de todos os povos, por isso que onde há homens há Espíritos e, ainda, porque as manifestações são de todos os tempos, e seus relatos, sem qualquer exceção, se acham em todas as religiões. Assim, pois, pode-se ser católico, grego ou romano, protestante, judeu ou muçulmano e crer nas manifestações dos Espíritos e, conseqüentemente, ser-se espírita. A prova está em que o Espiritismo tem adeptos em todas as seitas.

Como moral, é essencialmente cristão, por isso que aquela que ele ensina é apenas o desenvolvimento e a aplicação da de Cristo — a mais pura de todas e cuja superioridade por ninguém é negada, prova evidente de que é a lei de Deus e que a moral está à disposição de todo o mundo.

Sendo o Espiritismo independente de qualquer forma de culto e não prescrevendo nenhum culto, nem se ocupando de dogmas particulares, não é uma religião especial, porque não tem sacerdotes nem templos. Aos que perguntam se fazem bem ou mal em seguir tal ou qual prática, responde: Se julgais vossa consciência obrigada a fazê-lo, fazei-o. Deus sempre leva em conta a intenção. Numa palavra, a ninguém se impõe; não se dirige aos que têm fé e com ela se acham satisfeitos — dirige-se à numerosa massa dos vacilantes e dos incrédulos; não os arrebata da Igreja, desde que eles se acham moralmente separados ou em vias disso; fá-los percorrer três quartos do caminho para voltar a ela — e a ela cabe fazer o resto.

É certo que o Espiritismo combate certas crenças, tais como as penas eternas, o fogo material do inferno, a personalidade do diabo, etc. Mas não é verdade que, impostas como absolutas, estas crenças, em todos os tempos, fizeram incrédulos e os fazem ainda em nossos dias? Se o Espiritismo, dando a estes e a outros dogmas uma interpretação racional, conduz à fé àqueles que a haviam abandonado, não presta um serviço à religião? Assim é que um venerável sacerdote dizia, relativamente ao assunto: "O Espiritismo faz crer nalguma coisa; e mais vale crer em algo do que não crer em nada."

Não sendo os Espíritos mais do que as almas, não é possível negar aqueles sem negar a estas. Admitindo-se as almas ou Espíritos, a questão se reduz à sua expressão mais simples: *"As almas dos que morreram podem comunicar-se conosco?"* O Espiritismo prova a afirmação com os fatos materiais. Que prova podem dar de que isto seja impossível? Se o é, nem todas as negações do mundo impedirão que o seja, porque isto não é um sistema, nem uma teoria, mas uma lei da natureza. E contra as leis da natureza é impotente a vontade do homem. Assim, pois, bom grado, mau grado, é necessário aceitar-lhe as conseqüências e com estas conformar as crenças e os costumes.

CAPÍTULO I

PEQUENA CONFERÊNCIA ESPÍRITA

PRIMEIRO DIÁLOGO

O CRÍTICO

Visitante. — Senhor, digo-lhe que à minha razão repugna a realidade dos estranhos fenômenos atribuídos aos Espíritos; estou convencido de que tais fenômenos só existem na imaginação. Não obstante, como nos devemos inclinar ante a evidência, eu também me inclinaria, caso houvesse provas irrecusáveis. Venho, pois, solicitar de sua amabilidade que me permita, para não ser indiscreto, assistir a uma ou duas sessões, a fim de me convencer, se possível.

Allan Kardec. — Cavalheiro, desde que sua razão tem repugnância em admitir aquilo que para nós são fatos positivos, é porque o senhor se julga superior a todas as pessoas que não partilham de suas opiniões. Não duvido dos seus méritos nem pretendo ser mais inteligente do que o senhor. Então admita que eu vivo enganado, de vez que é a razão que fala e o assunto está morto.

V. — Não obstante, se o senhor chegasse a convencer-me, a mim que sou conhecido antagonista de suas idéias, teríamos um milagre muitíssimo favorável à sua causa.

A. K. — Lamento, senhor; mas não possuo o dom de fazer milagres. Pensa que uma ou duas sessões chegariam para o convencer? Na verdade isto seria um verdadeiro milagre. Foi-me para tanto necessário mais de um ano de trabalho, a fim de ficar convicto; isto prova que se hoje sou espírita, não o foi de modo leviano. Por outro lado, senhor, não dou espetáculos; e, segundo me parece, o senhor está equivocado quanto ao objetivo de nossas reuniões: não fazemos experiências para satisfazer a curiosidade de ninguém.

25

V. — Então não deseja fazer prosélitos?

A. K. — Por que desejaria eu que o senhor fosse um deles, se o senhor mesmo não o deseja? Eu não violento a nenhuma convicção. Quando encontro pessoas sinceramente desejosas de instruir-se e que me honram, pedindo esclarecimentos, é-me um prazer e um dever responder-lhes na medida de meus conhecimentos. Mas com antagonistas como o senhor, que têm convicções arraigadas, não dou um passo no sentido de os atrair, de vez que encontro bastante gente predisposta; não perco tempo com as que não o são. Sei que mais cedo ou mais tarde virá a convicção, pela mesma força das coisas; que os mais incrédulos serão arrastados na correnteza. Por ora, uns partidários a mais ou a menos não pesam na balança. Por isso o senhor jamais me verá exasperar-me para que compartilhem de nossas idéias os que, como o senhor, têm tão boas razões para se distanciarem das mesmas.

V. — Entretanto, haveria mais utilidade do que parece em que o senhor me convencesse. Permita que me explique com franqueza, prometendo não se ofender com minhas palavras? Exporei minhas idéias sobre a coisa e não sobre a pessoa a quem falo. Posso respeitá-lo sem participar de suas opiniões.

A. K. — Ensinou-me o Espiritismo a prescindir das mesquinhas susceptibilidades do amor-próprio e a não me ofender por qualquer palavra. Se as suas transpuserem as raias da urbanidade e da conveniência, deduzirei que o senhor é um homem mal educado, e só. Pelo que me toca, prefiro abandonar os erros aos outros, do que participar deles. Só por isto o senhor compreenderá que para alguma coisa serve o Espiritismo.

Repito, cavalheiro, não tenho nenhum empenho em que o senhor seja da minha opinião. Respeito a sua, se é sincera, como desejo que respeite a minha. Como, porém, o senhor considera o Espiritismo uma ilusão fantástica, ao dirigir-se à minha casa terá dito lá com seus botões: Vamos ver esse louco. Confesse-o, pois não me molestarei. Todos os espíritas somos loucos — isto é moeda corrente. Pois bem, senhor, desde que o senhor julga o Espiritismo como uma doença mental, considero que seria um caso de consciência denunciá-lo; e me maravilho de que, com uma tal idéia, deseje adquirir uma convicção que o arrolaria no número dos loucos. Se se acha previamente convencido de que não poderão convencê-lo, inútil é o passo que deu, porque não tem outro objetivo senão a curiosidade. Peço-lhe, pois, que concluamos, pois não disponho de tempo para perder com uma conversa sem objetivo.

V. — Podemos enganar-nos, estar iludidos e não sermos loucos.

A. K. — Fale sem rodeios. Diga, como tantos outros, que o Espiritismo passará como um sopro. Mas há-de convir que a doutrina que em poucos anos fez milhões de prosélitos em todos os países, que tem cientistas às suas ordens e que se propaga preferentemente nas classes ilustradas é uma mania especial, digna de exame.

V. — É verdade que sobre este ponto eu tenho as minhas idéias; mas não são tão absolutas que não concorde em sacrificá-las à evidência. Senhor, eu dizia que o senhor tinha um certo interesse em me convencer. Confesso que vou publicar um livro no qual pretendo demonstrar *ex-professo* aquilo que considero um erro. E como um tal livro terá grande aceitação e derrotará os Espíritos, se o senhor chegasse a me convencer eu não o publicaria.

A. K. — Sentiria profundamente se o privasse dos benefícios de um livro de tamanha transcendência. Além disso, nenhum interesse tenho em impedir que o publique: ao contrário, desejo-lhe uma grande popularidade, pois que nós servirá de propaganda. O ataque dirigido a uma coisa desperta a atenção; muita gente quererá saber os pró e os contra e a crítica torná-la-á conhecida daqueles que nem sequer nela pensavam. É assim que, sem o saber, fazem propaganda em benefício daqueles mesmos a quem desejam prejudicar. Por outro lado, a questão dos Espíritos é tão interessante e excita a tal ponto a curiosidade que basta sobre ela chamar a atenção para despertar desejos de a conhecer ([1]).

V. — Então, em sua opinião, a crítica para nada serve? a opinião pública não tem nenhum valor?

([1]) Depois deste diálogo, escrito em 1859, a experiência demonstrou cabalmente a justeza desta proposição.

A. K. — Na crítica não vejo expressa a opinião pública, mas uma opinião individual, que pode enganar-se. Leia a História e verá quantas obras-primas foram criticadas quando apareceram, o que não impediu que continuem sendo obras--primas. Quando uma coisa é má não há elogios que a convertam em coisa boa. *Se o Espiritismo for um erro, cairá por si mesmo; se for uma verdade nem todas as diatribes transformá-lo-ão numa mentira.* Seu livro será uma apreciação pessoal: a verdadeira opinião pública dirá se o senhor está certo. Para isto quererá ver, e se, mais adiante, reconhecer que o senhor se enganou, seu livro será ridículo, como aqueles que outrora foram publicados contra a teoria da circulação do sangue, contra a vacina, etc.

Esquecia-me, porém, que o senhor há-de tratar a questão *ex-professo*, o que significa que a estudou em todas as suas faces; que viu tudo quanto pode ser visto e leu tudo quanto se tem escrito sobre a matéria, analisando e comparando as diversas opiniões; que se achou nas melhores condições para observar por si mesmo; que consagrou a esse estudo noites inteiras durantes muitos anos; numa palavra, que nada descurou para chegar a descobrir a verdade. Sendo um homem sério, devo admitir que o tenha feito, porque somente aquele que pratica o que acaba de indicar tem direito a dizer que fala com conhecimento de causa.

Que pensaria o senhor de um homem que se proclamasse censor de uma obra literária sem conhecer literatura? De um homem que pinta um quadro sem haver estudado pintura? É um princípio elementar de lógica que o crítico deve conhecer, não superficialmente, mas a fundo, o assunto que aborda, sem o que carece de valor. Para combater um cálculo, há que fazer-se outro, para o que necessário é saber calcular. Não deve a crítica limitar-se a dizer que isto é bom ou mau; é preciso que justifique a sua opinião em demonstração clara e categórica, baseada em princípios de arte ou de ciência. Como, entretanto, poderá fazê-lo se os ignora? Poderia o senhor apreciar as excelências ou defeitos de uma máquina sem saber mecânica? Não. Pois bem: sua opinião sobre o Espiritismo, que não conhece, não terá mais valor que a que emitisse sobre a referida máquina. A cada instante o senhor será pilhado em flagrante delito de ignorância; porque os que tiverem estudado o Espiritismo logo verão que o senhor está fora do assunto. E deduzirão que o senhor não é um homem sério, ou que não age de boa-fé. Num caso, como no outro, expor-se-ia a um desmentido pouco agradável ao seu amor-próprio.

V. — É precisamente para contornar este escolho que lhe venho rogar a permissão para assistir algumas experiências.

A. K. — E pensa que isto será bastante para falar *ex-professo* do Espiritismo? Como poderá compreender essas experiências e, o que mais é, como poderá julgá-las, se não estudou os princípios que lhe servem de base? Como poderá apreciar o resultado, satisfatório ou não, das experiências metalúrgicas, por exemplo, sem conhecer a fundo a metalurgia? Deixe que lhe diga, senhor, seu intento é absolutamente semelhante ao de alguém que, ignorando matemática e astronomia, dissesse a um membro do Observatório: Cavalheiro, estou querendo escrever um livro sobre astronomia e provar que o seu sistema é falso; mas como nada sei do assunto, deixe-me olhar umas duas ou três vezes no seu telescópio. Isto será bastante para saber tanto quanto o senhor.

Só por extensão o vocábulo *criticar* é sinônimo de *censurar*. Sua correta acepção, conforme a etimologia é *julgar, apreciar*. A crítica, portanto, pode ser aprobatória ou reprobatória. Criticar um livro não é, precisamente, condená-lo; e quem se encarrega de uma tal tarefa deve desempenhá-la sem idéias preconcebidas. Se, porém, antes de abrir o livro já o condenou, o exame feito não poderá ser imparcial.

Em semelhante caso se acham a maior parte das pessoas que falam do Espiritismo. Só pelo nome formaram sua opinião e procedem como um juiz que prolatasse uma sentença sem se dar ao trabalho de examinar as peças dos autos. O resultado é que sua sentença será falsa e que, em vez de persuadir, provocará risos. Relativamente aos que estudaram criteriosamente a questão, em geral mudaram de opinião; mais de um adversário se converteu em partidário, por ver que se tratava de uma coisa muito diversa daquilo que imaginavam.

V. — O senhor fala do exame dos livros em geral. Pensa, então, que seja materialmente possível a um periodista ler e estudar todos os livros que lhe vêm às mãos, principalmente quando se trata de teorias novas, que deveriam ser aprofundadas e comprovadas? Seria o mesmo que exigir de um impressor que lesse todos os trabalhos que saem de seus prelos.

A. K. — A tão judicioso raciocínio só tenho a dizer que quando não se tem tempo de fazer uma coisa conscienciosamente, não se deve meter o bedelho, pois mais vale fazer uma só e bem, do que dez, e mal.

V. — Não pense, cavalheiro, que formei opinião levianamente. Vi mesas que giravam e davam batidas, como vi pessoas escrevendo sob a influência dos Espíritos. Estou, entretanto, convencido de que era charlatanismo.

A. K. — Quanto pagou para ver tudo isso?

V. — Realmente, nada.

A. K. — Veja só que singular espécie de charlatães, que chegam a modificar o sentido do vocábulo! Até agora não se conheciam charlatães desinteressados. Pelo fato de que um embrulhão haja querido divertir-se uma vez, deve concluir-se que as demais pessoas sejam seus comparsas? Por outro lado, com que objetivo ter-se-iam feito cúmplices de uma mistificação? Para divertir o grupo, responderá o senhor. Concordo que lá uma vez alguém faça uma pilhéria; quando, porém, esta dura meses e anos, parece que o mistificado é o mistificador. Será provável que, pelo simples prazer de fazer acreditar nalguma coisa, que se sabe falsa, sujeite-se alguém a ficar horas inteiras junto a uma mesa? Semelhante prazer não vale tanto sacrifício.

Antes de qualificar um ato de fraudulento, é necessário indagar qual o interesse que há em enganar. E o senhor convirá que há posições que excluem toda suspeita de embuste, como há pessoas cujo caráter constitui uma garantia de probidade.

Outra coisa seria se se tratasse de uma especulação, porque o interesse de lucro é mau conselheiro. Ainda mesmo que se admitisse que neste último caso se constatasse positivamente uma manobra fraudulenta, nada ficaria provado contra a realidade do princípio, uma vez que de tudo é possível abusar. Pelo fato de venderem vinho adulterado não se concebe que não haja vinho puro. Não é o Espiritismo mais responsável pelos que abusam de seu nome e o exploram, do que o é a ciência médica pelos charlatães que preconizam as suas drogas ou do que a religião pelos sacerdotes que abusam de seu ministério.

Por sua mesma natureza e novidade, o Espiritismo devia prestar-se a certos abusos; mas ofereceu meios de distinguir, definindo claramente o seu verdadeiro caráter e declinando de toda solidariedade com os que o exploram ou o desviam de seu objetivo exclusivamente moral, transformando-o num ofício, num instrumento de adivinhação ou de investigações fúteis.

Desde o momento que o Espiritismo, por si mesmo, traça os limites em que se encerra, e precisa aquilo que diz e o que não diz, o que pode e o que não pode, o que é e o que não é de suas atribuições, o que aceita e o que repele, toda a culpa cai sobre aqueles que, sem se darem ao trabalho de o estudar, julgam pelas aparências, ou que, ao encontrarem saltimbancos que se gabam de ser *espiritistas,* a fim de atrair os transeuntes, dizem enfaticamente: Eis aí o Espiritismo. Em definitivo sobre quem recai o ridículo? Não é no saltimbanco, que desempenha o seu papel, nem no Espiritismo, cuja doutrina escrita desmente semelhantes assertos, mas sobre os críticos, que falam daquilo que não conhecem ou que, sabendo-as, alteram a verdade. Aqueles que atribuem ao Espiritismo coisas contrárias à sua essência ou o fazem por ignorância ou com segunda intenção. No primeiro caso agem levianamente; no segundo, com má fé. No segundo caso assemelham-se a certos historiadores, que alteram a história no interesse de um partido ou de uma opinião. E um partido se desacredita, toda vez que emprega tais processos. E não atinge o seu objetivo.

Note bem, cavalheiro, que eu não pretendo que a crítica deva necessariamente aplaudir as nossas idéias, nem mesmo depois de as haver estudado. De modo algum censuramos aos que não pensam conosco. Aquilo que para nós é evidente, pode não o ser para os outros; cada um julga as coisas de seu ponto de vista e nem todos tiram as mesmas conclusões do mais positivo dos fatos. Se, por exemplo, um pintor põe em seu quadro um cavalo branco, talvez alguém ache que produz mau efeito e que um cavalo preto ficaria melhor. Erro, porém, cometeria se dissesse que o cavalo era branco, quando é preto. E é exatamente isto o que, em sua maioria, fazem os nossos adversários.

Em resumo: cada um é absolutamente livre de aprovar ou criticar os princípios do Espiritismo; de tirar dos mesmos as boas ou as más conseqüências que se lhes apresentam. É, porém, dever de consciência para todo crítico sério não dizer o contrário daquilo que é. E a primeira condição para isto é calar-se sobre as coisas que ignora.

V. — Pediria que voltássemos às mesas girantes e falantes. Não poderia acontecer que estivessem preparadas de antemão?

A. K. — Esta é a mesma questão de boa fé, à qual já respondi. Provado o embuste, nós o repelimos. E se o senhor me aponta fatos veramente qualificados como fraudes, como charlatanice, como exploração ou como abuso de confiança, eu os entrego às suas censuras, declarando-lhe, antes de mais nada, que não sairei em defesa deles, porque o Espiritismo seria o primeiro a repudiá-los e porque, assinalando os abusos, é ajudada a sua prevenção — e isto constitui um serviço. Mas generalizar semelhantes acusações, lançar sobre uma porção de pessoas honradas a reprovação só merecida por algumas criaturas isoladas, é um abuso, posto que de gênero diferente: porque é uma calúnia.

Admitindo, como o senhor supõe, que as mesas estivessem preparadas, seria preciso um mecanismo muito engenhoso para fazê-las executar movimentos e ruídos tão variados. Então por que não se conhece ainda o nome do habilíssimo artista que os fabrica? Não obstante, deveria ele desfrutar de imensa celebridade, porque seus aparelhos deveriam estar espalhados nas cinco partes do mundo. Forçoso é também convir que muito engenhoso é seu funcionamento, pois que se pode adaptar à primeira mesa que nos caia às mãos, sem qualquer preparação exterior. Por que será que desde Tertuliano ([2]), que

---

([2]) *Quinctus Septimius Florens Tertullianus,* autor eclesiástico natural de Cartago (★ 160 † 240), ordenado padre em 196. Autor de inúmeras obras ortodoxas e de outras montanistas. Devem notar-se, sobretudo, duas: *De testimonio animae,* de afirmação da alma e *De carne Christi,* onde sustenta a realidade da encarnação de Jesus Cristo. N. do T.

também falou das mesas girantes e falantes, até a presente data, jamais foi visto ou descrito semelhante aparelho?

V. — Engana-se neste ponto. Um célebre médico reconheceu que certas pessoas, contraindo um músculo da perna, podem produzir um ruído semelhante ao que se atribui à mesa. Daí deduz que os médiuns se divertem à custa da credulidade.

A. K. — Então se tudo é produto dos estados de um músculo, a mesa não estará preparada. E desde que cada um explica à sua maneira este suposto embuste, temos aí a prova evidente de que nem uns nem outros conhecem a verdadeira causa do fenômeno.

Respeito o saber do reputado facultativo ([3]), mas encontro algumas dificuldades em aplicar este fato ao que ocorre com as mesas falantes. Primeiro porque tal faculdade, até agora excepcional e considerada como um caso patológico, repentinamente se haja tornado tão comum; segundo, porque é necessário um intenso desejo de mistificar a fim de estar dando estalos num músculo durante duas ou três horas a fio, quando isto não causa mais que dor e cansaço; terceiro, não se compreende bem como é que o tal músculo entre em relações com portas e paredes, sobre as quais se ouvem as batidas; quarto e último, porque o referido músculo dos estalos deve ter uma maravilhosa força de fazer mover uma pesada mesa, levantá-la, abri-la, fechá-la, mantê-la no ar sem ponto de apoio e, finalmente, arrebentá-la, deixando-a cair. Ninguém suspeitava de tamanhas virtudes em semelhante músculo ([4]).

O célebre médico de que me fala teria estudado o fenômeno da tiptologia naqueles que o produzem? Não: observou um efeito fisiológico anormal nalguns indivíduos, os quais nunca se ocuparam com as mesas que dão pancadas, efeito aquele que tem certa analogia com o que se produz nestas e, sem maior exame, concluiu, com toda a autoridade de seu

---

([3]) Trata-se do dr. Jobert de Lamballe, que tomou e desenvolveu a descoberta do dr. Schiff; desenvolveu-a e a apresentou à Academia de Medicina de Paris. N. do T.

([4]) Vide *Revue Spirite,* junho de 1859, página 141: *Le Muscle caquer* (O músculo que estala). N. do T.

saber, que todos quantos fazem falar as mesas devem ter a propriedade de fazer estalar o pequeno perôneo e não passam de farsantes, quer sejam príncipes ou operários, façam-se ou não se façam pagar. Mas, ao menos estudou o fenômeno da tiptologia em todas as suas fases? Convenceu-se de que os estalos daquele músculo poderiam reproduzir todos os efeitos tiptológicos? Não; se o tivesse feito, ter-se-ia convencido da insuficiência de sua teoria e não teria proclamado a sua descoberta em pleno instituto. Esta é que é a opinião expressa de um cientista? Que é que hoje lhe resta? Confesso-lhe que se eu tivesse que sofrer uma operação cirúrgica teria minhas dúvidas em confiar-me a esse operador, temeroso de que julgasse a minha enfermidade com tão minguada perspicácia.

E, desde que semelhante opinião, ao que parece, é de uma das autoridades em que o senhor se apoia para bater o Espiritismo, fico absolutamente persuadido da força de seus outros argumentos, que não devem ter sido tomados em melhor fonte.

V. — Não obstante o senhor não negará que as mesas girantes saíram da moda. Durante certo tempo fizeram furor. Hoje, porém, ninguém mais se ocupa com elas. Por que isso, se fossem uma coisa séria?

A. K. — Porque das mesas girantes saiu algo de mais sério: saiu toda uma ciência, toda uma doutrina filosófica, altamente interessante para os homens reflexivos. Quando êstes nada mais tinham que aprender vendo girar uma mesa, não mais cogitaram delas. Para as criaturas fúteis, que nada aprofundam, era um passatempo, um brinquedo que abandonaram, quando se sentiram fatigados com ele. Tais criaturas não figuram no meio científico. O período de curiosidade teve o seu tempo; substituiu-o o período da observação. O Espiritismo entrou então no domínio das pessoas sérias, que não se divertem com ele — que se instruem. Por isso os homens que o tomam como coisa formal não se prestam a nenhuma experimentação para satisfação de curiosidades e, menos ainda, **para obsequiar as pessoas que alimentam pensamentos hostis. Como não buscam eles próprios divertir-se, não procuram divertir aos outros. E eu me conto neste número.**

V. — Contudo só a experimentação pode convencer, ainda mesmo quando de início não haja outro objetivo além da curiosidade. Deixe que lhe diga que, operando perante gente convicta, apenas prega aos seus conversos.

A. K. — Estar convencido é muito diferente de estar predisposto a convencer-se. É a estes últimos que me dirijo e não aos que julgam uma humilhação ver aquilo a que chamam de fantasia. Destes tais não me ocupo absolutamente. Relativamente aos que dizem ter o desejo sincero de ilustrar-se, o melhor modo de o provar é demonstrar perseverança; são reconhecidos pelo desejo de trabalhar seriamente e não pelo simples propósito de assistir a uma ou duas experiências.

A convicção se forma com o tempo, por uma série de observações feitas com sumo cuidado. Os fenômenos espíritas diferem essencialmente dos que são oferecidos pelas ciências exatas: não se produzem conforme a nossa vontade; é preciso captá-los, por assim dizer, no vôo; vendo muito e durante muito tempo é que se descobrem uma porção de provas, que escapam à primeira vista, sobretudo quando estamos familiarizados com as condições em que podem verificar-se e, ainda mais, quando alimentamos prevenções. Para o observador assíduo e reflexivo abundam as provas: uma palavra, um fato aparentemente insignificante, podem ser um raio de luz, uma confirmação; para o observador superficial, para o adventício, para o curioso, tudo isso nada vale. Por tudo isto não me presto a experiências sem resultados prováveis.

V. — Mas, enfim, tudo tem seu princípio. Se o senhor nega a oportunidade, como há de proceder o noviço, que deseja esclarecer-se e do qual o senhor faz tábula rasa?

A. K. — Eu faço uma grande diferença entre o incrédulo por ignorância e o incrédulo por sistema. Quando encontro alguém com disposições favoráveis, nada me custa esclarecê-lo; mas há criaturas nas quais o desejo de esclarecimento é apenas aparente. Com estas não perco tempo; porque, se não encontram imediatamente aquilo que buscam, e cujo achado talvez lhes fosse desagradável, o pouco que vêem é insuficiente para destruir suas prevenções: julgam-no mal e dele fazem um motivo de troça, que é inútil lhes proporcionar.

A quem quer que deseje instruir-se direi: "Não é possível dar-se um curso de Espiritismo Experimental, como se daria um curso de Física e de Química, de vez que ninguém tem o poder de produzir tais fenômenos à sua vontade e que as inteligências, que são agentes de tais fenômenos, freqüentemente burlam as nossas previsões. Para o senhor seriam pouco inteligíveis os que pudesse ver acidentalmente, por lhes faltar todo e qualquer encadeiamento lógico. Informe-se primeiro da teoria; leia e medite as obras que tratam desta ciência. Nelas aprenderá os princípios, encontrará a descrição dos fenômenos, compreenderá as suas possibilidades através da explicação que se lhes dá e pelo relato de uma porção de fatos espontâneos, dos quais talvez o senhor mesmo tenha sido testemunha involuntária e que, então, lhe voltarão à lembrança. Ficará inteirado de todas as dificuldades que podem apresentar-se e, assim, formará a primeira convicção moral. Então, quando se oferecerem circunstâncias de ver e de operar por si mesmo, dar-se-á conta de tudo, seja qual for a ordem em que os fatos se apresentem. Porque, então, nada lhe será estranho.

Cavalheiro, é isto o que aconselho a todas as pessoas que dizem querer instruir-se. Por suas respostas, fácil me é compreender se são movidas por algo mais que a simples curiosidade.

SEGUNDO DIALOGO

O CÉPTICO

V. — Senhor, eu compreendo a utilidade do estudo prévio, a que acaba de se referir. Como predisposição pessoal direi que nem sou partidário nem inimigo do Espiritismo. Entretanto o assunto, por sua mesma essência, me é do mais alto interesse. No meu círculo de amigos conto adeptos e oponentes; sobre o assunto já ouvi argumentos muito contraditórios. Proponho-me submeter à sua opinião algumas das objeções feitas em minha presença e que me pareceram de um certo peso, ao menos para mim, que confesso a minha ignorância.

A. K. — É-me muito agradável responder às perguntas que me dirigem, quando feitas com sinceridade e sem segunda intenção. Não me vanglorio de poder resolvê-las todas. O Espiritismo é uma ciência que acaba de nascer e na qual muito ainda há que aprender. Seria uma presunção se eu pretendesse resolver todas as dificuldades: não posso dizer aquilo que não sei.

O Espiritismo se relaciona com todos os ramos da filosofia, da metafísica, da psicologia e da moral; é um campo imenso que não podemos percorrer em horas. Assim, pois, compreenderá o senhor que me seria materialmente impossível repetir de viva voz, a cada um em particular, aquilo que sobre o assunto escrevi para uso de todos. Por outro lado, numa leitura séria preparatória encontrarão resposta à maior parte das perguntas que naturalmente ocorrem. Tal leitura terá a dupla vantagem de evitar repetições inúteis e de pôr à prova o verdadeiro desejo de instruir-se. Se, depois disto, ficam dúvidas ou pontos obscuros, a explicação tornar-se-á mais fácil, porque se conta com alguma base e já não se perde tanto tempo insistindo sobre os princípios mais elementares. Se me permite, limitar-nos-emos, então e até nova ordem, a algumas questões gerais.

V. — Perfeitamente e lhe peço que se me afastar, chame-me à ordem.

ESPIRITISMO E ESPIRITUALISMO

V. — Iniciarei perguntando qual a necessidade de criar os vocábulos novos *espírita* e *espiritismo*, em substituição de *espiritualista* e *espiritualismo*, pertencentes à linguagem vulgar e compreendidos em todo o mundo? Ouvi taxarem tais vocábulos de *barbarismos*.

A. K. — De há muito tempo o vocábulo *espiritualista* possui uma acepção bem determinada. Assim diz-nos a Academia: ESPIRITUALISTA, *aquele cuja doutrina é oposta ao materialismo* (⁵). Todas as religiões se fundam necessariamente no espiritualismo. Aquele que acredita que há em nós algo mais que a matéria é *espiritualista*. Isto não implica a crença nos Espíritos e nas suas manifestações. Como os distinguiria o

---

(⁵) *Espírita* e *espiritismo* (em francês *spirite* e *spiritisme*, neologismos criados por Allan Kardec), estão incorporados ao patrimônio da língua e seus correspondentes entraram nos outros idiomas, sendo registrados nos melhores dicionários. O grande dicionário de *Larousse* lhe consagra quase uma coluna, além de remeter o leitor para oito verbetes especiais a ele relacionados, ao passo que dedica apenas meia coluna a *espiritualismo;* o grande *Webster* também registra e observa a confusão pouco recomendável causada pelo indiscriminado emprego de *espiritualismo* e seus derivados. Em nossa língua os bons dicionários registram as vozes *espírita* e *espiritista,* bem como *espiritismo,* no sentido empregado nos textos acima. Pretendem os puristas que *espiritista* é de melhor quilate que *espírita;* alguns preferem a forma *espírita* (com acentuação grave em vez de esdrúxula). Mas o povo prefere dizer *espírita;* e como o povo é quem faz a língua, seguimos, em nossos escritos e traduções, usando a forma que se tornou mais corrente. O essencial é que empreguemos vocábulos que bem situem os partidários de uma filosofia contida na Codificação Kardeciana, como *espíritas*, como profitentes do *Espiritismo* e constituintes de importantíssimo setor do *espiritualismo*, como ala esclarecida dos *espiritualistas*. N. do T.

senhor daqueles que nisto crêem? Seria necessário empregar uma perífrase e dizer: É um espiritualista que acredita, ou que não acredita, nos Espíritos. As coisas novas requerem termos novos, se quisermos evitar equívocos. Se à minha REVISTA eu houvesse dado o nome de *espiritualista* não lhe haveria marcado o objetivo; porque, sem desmentir o título, teria podido não dar uma palavra sobre os Espíritos e, até, combatê-los. Há algum tempo li num periódico, a propósito de uma obra filosófica, um artigo onde se dizia que o autor havia escrito sob o ponto de vista espiritualista. Ora, os partidários dos Espíritos teriam sido levados a um grande equívoco se, baseados naquela indicação, tivessem lido aquela obra, onde não encontravam a mínima concordância com os seus princípios. Se, pois, adotei os vocábulos *espírita* e *espiritismo* foi porque exprimem, sem anfibologia, as idéias relativas aos Espíritos. Todo *espírita* é, necessariamente, *espiritualista*, mas falta muito para que todo *espiritualista* seja *espírita*. Ainda mesmo que o Espiritismo fosse uma quimera, seria útil possuir palavras especiais para aquilo que lhe concerne, porque as palavras são necessárias tanto para as idéias falsas, quanto para as verdadeiras.

Por outro lado, cavalheiro, estes vocábulos não são mais bárbaros que os criados diariamente pelas ciências, pelas artes e pelas indústrias e certamente não o são tanto quanto o imaginou Gall para a sua nomenclatura das faculdades, tais como *secretividade*, amatividade, combatividade, etc. ([6]).

Há criaturas que, por espírito de contradição, criticam aquilo que não procede delas; põem-se na oposição para se verem notadas. Os que se enfeitam com tão miseráveis insignificâncias apenas demonstram a estreiteza de suas idéias. Ater-se a semelhantes bagatelas é provar penúria de boas razões.

Espiritualismo e *espiritualista* são vozes inglesas, empregadas nos Estados Unidos desde que começaram as manifes-

---

([6]) *Franz Joseph Gall* (1758-1828) médico alemão, que viveu em Paris. Conhecido por sua doutrina sobre a *frenologia*, hoje pouco acreditada. Deixou importantes trabalhos sobre Anatomia e Fisiologia do Sistema nervoso, e mais particularmente sobre o sistema nervoso do cérebro. N. do T.

tações e delas nos servimos durante algum tempo na França. Desde, porém, que apareceram as de *Espiritismo* e *espírita,* de tal modo a sua vantagem foi compreendida que foram imediatamente aceitas pelo público. Seu uso está hoje tão consagrado que os próprios adversários, os primeiros que as qualificaram de barbarismos, outras não empregam. Os fulminantes sermões e circulares contra o *Espiritismo* e os *espíritas* não teriam podido anatematizar o espiritualismo e os espiritualistas, sem gerar uma enorme confusão.

Bárbaros ou não, estes vocábulos passaram ao falar comum, em todas as línguas da Europa e são empregados nas publicações de todos os países, favoráveis ou não ao Espiritismo. Constituíram a base da coluna da nomenclatura da nova ciência. Para exprimir seus fenômenos especiais requeria termos especiais. Hoje o Espiritismo tem sua nomenclatura, do mesmo modo que a Química tem a que lhe é própria ([7]).

As vozes *espiritualismo* e *espiritualista,* aplicadas às manifestações dos Espíritos, só as empregam hoje os adeptos da chamada *escola americana.*

DISSIDÊNCIAS

V. — A diversidade na crença do que o senhor chama uma ciência se me afigura a sua condenação. Se essa ciência repousasse sobre fatos positivos não deveria ser a mesma na América e na Europa?

A. K. — Antes de mais nada direi que tal divergência é mais de forma do que de fundo. Realmente consiste apenas na maneira de considerar alguns pontos da doutrina, que não geram antagonismo radical nos princípios, como pretendem nossos adversários que não estudaram a questão.

([7]) Hoje estes vocábulos têm foros de cidade; acham-se incluídos no Suplemento do *"Petit Dictionnaire des Dictionnaires",* extraído do de *Napoléon Landois.* Nele se encontram a definição e a etimologia de erraticidade, medianímico, médium, mediunidade, perispírito, pneumatofonia, psicografia, psicofonia, reencarnação, sematologia, espírita, Espiritismo, extereorito, tiptologia. Também se encontram todas as explicações de que são susceptíveis, na nova edição do "Dictionnaire Universel" de Maurice Lachatre.

Diga-me, entretanto, qual foi a ciência que, ao aparecer, não produziu dissidências, até que seus princípios ficassem claramente estabelecidos? Elas não permanecem ainda nas ciências melhor constituídas? São concordes todos os cientistas sobre um mesmo ponto? Não têm seus sistemas particulares? As sessões do Instituto apresentam sempre um quadro de perfeita e real concordância? Não existem em medicina as escolas de Paris e de Montpellier? Cada descoberta nova numa ciência não provoca novos desacordos entre os que querem progredir e os que querem ficar estacionários?

Pelo que concerne ao Espiritismo, não era natural que ao aparecimento dos primeiros fenômenos, quando ainda eram ignoradas as leis que os regem, cada um erigisse um sistema e considerasse aqueles fenômenos ao seu modo? Entretanto o que aconteceu a todos esses sistemas primitivos e isolados? Caíram ante uma observação mais completa dos fatos. Bastaram alguns anos para que se estabelecesse uma unidade grandiosa que prevalece na doutrina e que liga a imensa maioria dos adeptos, salvo algumas individualidades que, nisto como em tudo, aferram-se às idéias primitivas e morrem com elas. Qual a ciência, qual a doutrina filosófica ou religiosa que oferece semelhante exemplo. Quando foi que o Espiritismo apresentou a centésima parte das divisões que fracionaram a Igreja durante séculos e que ainda a separam?

São realmente dignas de atenção as puerilidades de que lançam mão os adversários do Espiritismo. Não temos nisso um indício de escassez de razões sólidas? Burlas, trapaças, calúnias, mas nenhum argumento consistente. E a prova de que ainda lhe não acharam um ponto vulnerável é que nada deteve a sua marcha ascendente; que ao cabo de dez anos conta mais adeptos do que qualquer seita, depois de maior lapso de tempo. É este um fato adquirido pela experiência e reconhecido pelos próprios adversários. Para o destruir não basta dizer: tal coisa não existe, ou aquilo é absurdo. É mister provar categoricamente que os fenômenos não existem, e que não podem existir. Eis o que ninguém jamais fez.

SIMULAÇÃO DE FENÔMENOS ESPÍRITAS

V. — Mas não ficou provado que sem o Espiritismo podiam produzir-se esses fenômenos, de onde pode deduzir-se que a sua origem não é a que lhe atribuem os espíritas?

A. K. — Pelo fato de uma coisa poder ser imitada devemos crer que a mesma não exista? Que diria o senhor da lógica de quem pretendesse que, pelo fato de se fazer champanha com água de seltz, todo champanha é apenas água de seltz? O privilégio de todas as coisas notáveis é originar falsificações. Alguns prestidigitadores pensaram que o vocábulo *Espiritismo*, dada a sua popularidade e, ainda, pelas controvérsias suscitadas, podia prestar-se a explorações; então, para atrair o público, simularam mais ou menos grosseiramente alguns fenômenos da mediunidade, como outrora simularam a clarividência sonambúlica. Vendo isto, aplaudem os embusteiros e exclamam: Aqui temos o Espiritismo! Quando apareceu em cena a engenhosa produção dos espectros, não diziam em toda parte que era o golpe de morte no Espiritismo? Antes de um pronunciamento tão decisivo, deveriam ter pensado que as assertivas de um escamoteador não constituem um evangelho, além de se terem certificado se havia absoluta identidade entre a imitação e a coisa imitada. Ninguém compra um anel de brilhante sem se certificar de que não é falso. Um estudo mais demorado os teria convencido de que os fenômenos espíritas se apresentam em condições muito variadas; ademais, teriam ficado sabendo que os espíritas não se ocupam em fazer aparecer espectros, nem em ler a buena-dicha.

Só a malevolência e uma insigne má-fé poderiam assimilar o Espiritismo à magia e à feitiçaria. Porque ele repudia o objetivo, as práticas, as fórmulas e as palavras místicas destas últimas. Outros há que não vacilam em comparar as sessões espíritas às reuniões do sabbath, em que se aguarda a hora fatal da meia-noite para fazer aparecerem os fantasmas.

Um espírita meu amigo um dia estava assistindo a Macbeth, ao lado de um jornalista que desconhecia. Chegada a cena das bruxas, ouviu este último dizer ao seu companheiro: "Bravos! agora vamos assistir a uma reunião espírita. Justamente o assunto que me estava faltando para o próximo artigo! Agora vou saber como as coisas se passam! Se houvesse por aqui um desses loucos eu lhe perguntaria se se reconhece neste quadro."

"Sou um deles, respondeu o espírita, e posso garantir que estou muito longe de reconhecer-me nele. Tenho assistido a centenas de reuniões espíritas e nelas jamais vi coisa semelhante. Se é aqui que o senhor vem buscar elementos para o seu artigo, este não primará pelo respeito à verdade."

Muitos críticos não dispõem de base mais sólida. E sobre quem cai o ridículo, senão sobre os que se atiram tão sem fundamento? Quanto ao Espiritismo, longe de se abalar, seu crédito aumentou com a voga que alcançaram todas essas maquinações, sobre ele chamando a atenção das pessoas que o desconheciam. Deste modo foram induzidas ao seu exame e o número de adeptos aumentou. Porque reconheceram que, longe de ser um passatempo, era uma coisa séria.

FRAQUEZA DOS DETRATORES

V. — Concordo que entre os detratores do Espiritismo haja pessoas inconseqüentes, como a de que acaba de falar. Ao lado destas, porém, não haverá homens de real valor e opiniões ponderadas?

A. K. — Não o nego; e respondo dizendo que o Espiritismo conta em suas fileiras com um bom número de homens de valor não menos real. Direi mais: a imensa maioria dos grupos espíritas é composta de homens de inteligência e de estudo, e só a má-fé pode dizer que só crêem no Espiritismo a gentinha e os ignorantes.

Por outro lado há um fato peremptório, que responde a essa objeção: é que, a despeito de seu saber e de sua posição oficial, ninguém conseguiu deter a marcha do Espiritismo e, não obstante, não há um só, desde o mais humilde folhetinista, que não tenha tido a veleidade de assestar-lhe golpe mortal. Entretanto o que conseguiram todos, sem uma única exceção e sem o querer, foi ajudar a sua vulgarização. Uma idéia que resiste a tantos embates, que avança sem vacilações, através de uma chuva de dardos que lhe desferem, não prova sua força e a profundidade de suas raízes? não reclama esse fenômeno a atenção de pensadores mais circunspectos? Por isso mais de uma pessoa diz hoje que algo deve haver no Espiritismo, talvez um desses movimentos irresistíveis que, de tempos em tempos, sacodem a sociedade a fim de a transformar.

Sempre ocorreu o mesmo com as idéias novas, chamadas a revolucionar o mundo. Forçosamente encontram os obstáculos, porque vêm lutar contra interesses, contra as preocupações e contra os abusos que devem ser destruídos, mas, ao que parece, estão nos desígnios de Deus, para realizar a sua lei do progresso da humanidade; então nada pode detê-las quando chega a sua hora — o que prova que são expressão da verdade.

Conforme tenho dito, a fraqueza dos adversários do Espiritismo torna-se patente na ausência de boas razões, pois as que apresentam não são convincentes. Essa fraqueza também depende de uma outra causa, que inutiliza todas as suas combinações. Maravilham-se dos progressos do Espiritismo, apesar de tudo o que fazem para o deter e ninguém encontra a causa, porque a procuram onde ela não está. Uns as vêem no grande poder do diabo que, se tal hipótese fosse certa, seria mais poderoso do que eles e, até, do que o próprio Deus; outros a vêem no aumento da loucura humana. O erro de todos está em crer que a fonte do Espiritismo é única, e se apoia na opinião de um homem. Daqui a idéia de que, destruindo a opinião desse homem, destruído estará o Espiritismo. Por isso buscam a sua origem no plano terreno; porque ela está nos planos especiais, não se localiza num ponto único, mas por toda parte, uma vez que em toda parte e em todos os países os Espíritos se manifestam, desde os palácios até às cabanas.

A verdadeira causa, pois, está na natureza mesma do Espiritismo, que não é impulsionado por um só homem — antes permite que cada um receba comunicações dos Espíritos, com o que se confirma a realidade dos fatos. Como persuadir a milhões de indivíduos de que tudo isso não passa de truanice, de charlataneria, de escamoteação e habilidades, quando são eles próprios que obtêm o resultado sem o concurso de quem quer que seja? Será possível fazê-los crer que sejam eles próprios os seus ajudantes e que se entreguem à charlatanice e à escamoteação para a si mesmo enganarem?

Esta universalidade das manifestações dos Espíritos, que acodem a todos os recantos do mundo, dando um desmentido aos seus detratores e confirmando os princípios da doutrina, é uma força tão incompreensível para os que desconhecem esse mundo invisível, como a rapidez da transmissão de um telegrama para os que ignoram as leis da eletricidade. É contra essa força que se arrebentam todas as negações. Estas criaturas estão com as pessoas que, recebendo os raios do Sol, negassem a existência deles.

Abstração feita das qualidades da doutrina, mais satisfatórias que as que lhes são opostas, naquela força está a causa das derrotas que sofrem os que tentam barrar a sua marcha. Para o conseguir seria preciso encontrar meios de impedir que os Espíritos se manifestassem. Por isso os Espíritos não se preocupam com tais maquinações. Têm ao seu lado a experiência e a autoridade dos fatos.

O MARAVILHOSO E O SOBRENATURAL

V. — Evidentemente o Espiritismo tende a ressuscitar as crenças baseadas no maravilhoso e no sobrenatural, coisa que se me afigura difícil neste século positivista, porque equivale a defender as superstições e os erros populares, que a razão repele.

A. K. — As idéias supersticiosas o são porque são falsas; deixam de o ser desde que se reconheça que são exatas. Assim, pois, a questão está em saber se há, ou se não há, manifestações de Espíritos; e o senhor não as pode qualificar de superstições até que não haja *provado* que eles não existem.

"Mas", dirá o senhor, "a minha razão as repele." Entretanto, todos os que crêem — e que não são uns bobos — também invocam a sua razão e, além desta, os fatos. Qual das duas razões é a mais forte? Nisto o supremo juiz é o futuro, como o tem sido em todas as questões científicas ou industriais, originalmente qualificadas como absurdas ou impossíveis. O senhor julga *a priori,* segundo a sua razão; nós outros só julgamos depois de havermos visto e observado durante muito tempo. Acrescentamos que o Espiritismo ilustrado, como o de hoje, tende, ao contrário, a destruir as idéias supersticiosas, porque demonstra a verdade ou a falsidade das crenças populares, e todos os absurdos que a ignorância e as preocupações misturaram com aquelas.

Vou ainda mais longe. Digo precisamente que é o positivismo do século que leva a adotar o Espiritismo. É a esse positivismo que, em parte, deve o Espiritismo a sua rápida propagação e não, como pretendem alguns, ao recrudescimento do gosto do maravilhoso e do sobrenatural.

O sobrenatural desaparece à luz da ciência, da filosofia e da razão, como os deuses do paganismo desapareceram ante a luz do Cristianismo.

Sobrenatural é aquilo que está fora das leis da natureza. O positivismo nada admite fora daquelas leis. Mas, porventura, as conhece a todas? Em todos os tempos os fenômenos cuja causa era desconhecida foram considerados sobrenaturais. Cada nova lei descoberta pela ciência restringiu os limites daquele; e o Espiritismo vem revelar uma lei segundo a qual a conversação com o Espírito de um morto repousa sobre uma lei tão natural quanto as da eletricidade, que permitem o entendimento rápido entre dois indivíduos que se achem separados por uma distância de quinhentas léguas. Assim todos os outros fenômenos espíritas. Pelo que lhe concerne, o Espiritismo repudia todo efeito maravilhoso, isto é, fora das leis da natureza. Não faz milagres nem prodígios: explica, em virtude de uma lei, certos efeitos até hoje reputados milagrosos e prodigiosos, demonstrando, ao mesmo tempo, a sua possibilidade. Assim, possibilita o domínio da ciência, sob cujo aspecto é, também, uma ciência. Mas, dando origem a conseqüências morais, a descoberta desta nova lei e o código dessas conseqüências morais fazem do Espiritismo uma doutrina filosófica.

Sob este último ponto de vista ele responde às aspirações do homem relativamente ao seu futuro, mas como apoia a teoria do futuro em bases positivas e racionais, amolda-se ao espírito positivo do século. Isto o senhor compreenderá quando se tiver entregue ao trabalho de o estudar (O LIVRO DOS MÉDIUNS, Cap. II, e REVISTA ESPÍRITA, dez. 1861 e jan. 1862. — Ver, também o Cap. II desta obra).

OPOSIÇÃO DA CIÊNCIA

V. — Conforme diz, o senhor se baseia nos fatos. Mas a estes se opõem as opiniões dos cientistas, que os negam, ou que os explicam de modo diverso. Por que não se apropriaram dos fenômenos das mesas giratórias? Se nele tivessem visto algo de sério, parece que não se teriam descuidado de fatos tão extraordinários, e, menos ainda, de os impugnar desdenhosamente. Entretanto todos estão contra o senhor. Não são os cientistas o facho de luz das nações? e não é de seu dever difundir essa luz? Como quer o senhor que a houvessem apagado, quando se lhes apresenta uma oportunidade de revelar ao mundo uma nova força?

A. K. — O senhor acaba de traçar de modo admirável o dever dos cientistas. Pena é que o hajam esquecido por mais de uma vez. Antes, porém, de responder à sua judiciosa observação, devo retificar um grave erro em que o senhor incorreu, dizendo que todos os cientistas estão contra nós.

Como disse antes, o Espiritismo faz seus prosélitos precisamente na classe ilustrada, em todos os países do mundo; conta um grande número deles entre os médicos de todas as nações, e os médicos são homens de ciência, os magistrados e professores, os artistas e os literatos; os militares, os altos funcionários e os eclesiásticos que se abrigam sob sua bandeira são pessoas a quem se não pode negar certa dose de ilustração, de vez que não há cientistas apenas na ciência oficial e nas corporações constituídas. Pelo fato de não possuir o Espiritismo foros de cidade na ciência oficial deve ser condenado? Se a ciência jamais se tivesse enganado, sua opinião poderia pesar na balança. Infelizmente, porém, a experiência prova o contrário. Não repeliu ela como quiméricas uma porção de descobertas que, mais tarde, ilustraram a memória de seus autores? O fato de se ter privado a França da iniciativa do vapor não é devido a um relatório de nossa mais alta corporação científica? Quando Fulton (⁸) veio a Boulogne apresentar seu sistema a Napoleão, o qual recomendou o seu exame imediato

---

(8) *Robert Fulton* (★ 1765 † 1815) mecânico americano, primeiro realizador da propulsão dos navios a vapor em 1807. Construiu seu primeiro barco em 1803, experimentando-o no *Loire*,

ao Instituto (⁹), não respondeu este que tal sistema era um sonho irrealizável? que não havia como se ocuparem de tal coisa? Por isso devemos concluir que sejam uns ignorantes os membros do Instituto? Isto justificaria os epítetos mordazes com que certas pessoas os mimoseiam? Certo que não; e nenhuma criatura sensata deixará de fazer justiça ao seu alto saber, não obstante se reconheça que não são infalíveis, que sua opinião não é irrevogável, principalmente quando se trata de idéias novas.

V. — Também concordo que não são infalíveis; mas não é menos certo que, por força de seu saber, suas opiniões são valiosas e que se o senhor os tivesse ao seu favor daria muito prestígio ao seu sistema.

A. K. — Também o senhor deverá admitir que ninguém é bom juiz senão em assunto de sua competência. Se o senhor quisesse construir uma casa iria dirigir-se ao médico? Se estivesse doente iria procurar um arquiteto? Se tivesse uma questão iria consultar um bailarino? Enfim, se se tratasse de uma questão teológica iria procurar resolvê-la com um químico ou com um astrônomo? Não: a cada um a sua tarefa. As ciências comuns repousam sobre as propriedades da matéria, que podem ser manipuladas aos nossos olhos. Os fenômenos que ela produz têm por agentes forças materiais. Os do Espiritismo têm por agentes inteligências independentes, dotadas de livre arbítrio e não submetidas ao nosso capricho. De tal modo, elas se subtraem aos nossos processos de laboratório e aos nossos cálculos. Conseqüentemente não são do domínio da ciência propriamente dita.

França. Repelido pelos cientistas, ofereceu sem sucesso a sua invenção à Inglaterra. O mesmo lhe aconteceu nos Estados Unidos. Entretanto, construiu o barco a vapor *Clermont,* experimentado no rio Hudson e que, depois passou a fazer serviço regular entre *New York* e *Albany.* Morreu desgostoso com a oposição que lhe moviam. N. do T.

(⁹) O *Instituto* é a mais alta corporação científica da França. Fundado por *Mazarino,* sofreu inúmeras alterações na sua estrutura científica, compreendendo hoje a *Academia francesa,* a *Academia das inscrições e letras,* a *Academia de Ciências,* a *Academia de Belas-Artes* e a *Academia de Ciências morais e políticas.* N. do T.

Assim, equivocou-se a ciência quando quis fazer experiências com os Espíritos como se fossem uma pilha de Volta. Fracassou e assim devia suceder, porque operava, obediente a uma analogia que não existe. E logo, sem se dar a maiores trabalhos, proclamou a negação. Foi um juízo temerário, que o tempo se encarrega de reformar diariamente, como já reformou muitos outros. E os que o proferiram passarão pela vergonha de se haverem insurgido, um tanto levianamente, contra o infinito poder do Criador.

As corporações sábias não têm, e jamais terão, que decidir neste assunto. Não é de sua competência, como não o é determinar se Deus existe. Conseguintemente é um erro transformá-las em juízes. O Espiritismo é uma questão de crença pessoal, que não pode depender do voto de uma assembléia. Porque, mesmo quando favorável, não pode forçar as consciências. Quando a opinião pública estiver formada sobre este assunto, os cientistas, como os indivíduos, o aceitarão, obedecendo à força das coisas. Deixe passar uma geração e, com ela, as preocupações do amor-próprio que se revolta e verá que sucede com o Espiritismo o mesmo que com outras verdades, que foram combatidas, e a respeito das quais atualmente seria ridículo ter dúvidas. Hoje os crentes são tidos como loucos, amanhã os loucos serão os incrédulos. Nem mais, nem menos do que, como outrora, eram tratados de loucos os que acreditavam no movimento da Terra.

Mas nem todos os sábios emitiram a mesma opinião — e entendo por sábios homens ilustres, de estudo e de ciência, com ou sem título oficial. Muitos fizeram o seguinte raciocínio:

"Não há efeito sem causa. Os mais vulgares efeitos podem conduzir-nos aos mais sérios problemas. Se Newton houvesse desprezado a queda da maçã, se Galvani houvesse repelido a sua criada, taxando-a de louca e visionária, quando lhe falava das rãs que dançam no prato, talvez ainda estivéssemos sem conhecer a admirável lei da gravitação universal e as fecundas propriedades da pilha. O fenômeno que se conhece com o nome burlesco de dança das mesas não é mais ridículo que o da dança das rãs e talvez encerre algum desses segredos da natureza que fazem uma revolução na humanidade desde que se possua a sua chave."

Teriam dito ainda: "Desde que tanta gente se ocupa com isto; desde que homens sérios o estudaram, é que deve haver algo em tudo isto. Uma ilusão, ou, se se quiser, uma moda, não pode ter esse caráter de generalidade: pode seduzir a um grupo, a um círculo, mas não se espalhará pelo mundo inteiro. Evitemos, pois, negar a possibilidade daquilo de que não entendemos, para que, mais cedo ou mais tarde, não recebamos um desmentido pouco favorável à nossa perspicácia."

V. — Perfeitamente. Eis um sábio que raciocina com prudência e com sabedoria. Sem o ser, penso como ele. Mas note que nada afirma: dúvida, unicamente a dúvida. Sobre o que, então, basear a crença na existência dos Espíritos e, sobretudo, a possibilidade de com eles nos comunicarmos?

A. K. — Tal crença se apoia no raciocínio e nos fatos. Eu mesmo não a aceitei senão depois de um detido exame. Tendo adquirido no estudo das ciências exatas os métodos positivos, sondei e esquadrinhei esta nova ciência em seus mais íntimos refolhos; quis dar-me conta de tudo, porque não aceito uma idéia enquanto não lhe fico conhecendo o porquê e o como. Eis o raciocínio que me fazia um ilustre médico, outrora incrédulo e hoje um fervoroso adepto:

"Dizem que seres invisíveis se comunicam. Por que não? Antes da invenção do microscópio suspeitávamos da existência desses milhares de animáculos, que tantos transtornos causam à nossa economia? Onde a impossibilidade material de que haja no espaço seres inacessíveis aos nossos sentidos? Teremos acaso a ridícula pretensão de tudo saber e de que nada mais tenha Deus para nos ensinar? Se esses seres invisíveis que nos rodeiam são inteligentes, por que não poderiam comunicar-se conosco? Se estão em relação com os homens, devem desempenhar um papel no destino e nos acontecimentos. Quem sabe? Talvez constituam uma das forças da natureza, uma dessas forças ocultas, que nem suspeitamos. Que novos horizontes tudo isso oferece ao pensamento! Que vasto campo de observações! A descoberta do mundo dos invisíveis seria diversa da do mundo dos infinitamente pequenos. Mais que uma descoberta, é uma revolução nas idéias. Quanta luz não pode brotar de tudo isto! Quanta coisa misteriosa não seria explicada! Os que nisto acreditam são metidos ao ridículo. Mas, que é que isto prova? Não aconteceu o mesmo com todos os grandes descobrimentos? Cristóvão Colombo não foi repelido, cheio de desgostos e tratado como um insensato? Dizem que semelhantes idéias são tão insensatas que não podem ser admitidas. Entretanto àquele que há meio século houvesse afirmado que em alguns minutos poderia estabelecer-se correspondência de extremo a outro do mundo, que em algumas horas era possível atravessar a França; que com o vapor de um pouco de água fervente um navio poderia andar mesmo contra o vento; que era possível tirar da água os meios de iluminação e de aquecimento; que Paris poderia ser iluminada instantaneamente, com um foco único de uma substância invisível; àquele que houvesse afirmado tudo isto, ou algumas destas coisas, íamos dizendo, não lhe ririam nas bochechas? Porventura será maior prodígio que o espaço esteja povoado de seres inteligentes que, depois de haverem vivido na Terra, deixaram o seu invólucro material? Não se encontra neste fato a explicação de uma porção de crenças, desde a mais remota antigüidade? Vale a pena que aprofundemos semelhantes coisas."

Eis as reflexões de um sábio, mas sábio despretensioso; palavras também ditas por uma porção de homens ilustres. Eles viram, não superficialmente e com prevenções; estudaram seriamente e sem idéias preconcebidas, tendo tido a modéstia de não afirmar: "não o compreendo; então não está certo". Formaram suas convicções por meio da observação e do raciocínio. Se aquelas idéias fossem quiméricas, crê o senhor que tais homens as teriam adotado? Por que motivo, e durante quanto tempo, teriam sido joguetes de uma ilusão?

Não há, pois, impossibilidade material para a existência de seres invisíveis para nós e que os mesmos povoem os espaços. Esta só consideração é bastante para induzir a maior circunspecção. Outrora quem teria pensado que uma clara gota d'água encerra milhares de seres, cuja pequenez atordoa a nossa imaginação? Pois digo que mais difícil era conceber-se a existência de seres tão minúsculos, providos de órgãos e de funções, do que admitir-se aquilo a que chamamos de Espíritos.

V. — Sem a menor dúvida. Mas da possibilidade de que uma coisa exista não se deduz que exista mesmo.

A. K. — Depende. O senhor há de convir que desde o momento que não é impossível, um passo foi dado. Porque na hipótese nada repugna à razão. Resta, pois, evidenciá-la pela observação dos fatos. E esta observação não é novidade.

Tanto a História sagrada quanto a profana provam a antigüidade e a universalidade de tal crença, que se tem perturbado através de todas as vicissitudes do mundo e que, no estado de idéias inatas e intuitivas se acha gravada no pensamento dos povos mais selvagens, bem como a do Ser Supremo e da vida futura. O Espiritismo não é, pois, uma criação moderna. Tudo prova que os antigos o conheciam, tão bem ou melhor do que nós, com a única diferença que só o ensinavam mediante certas precauções misteriosas, que o tornavam inacessível ao vulgo, abandonado deliberadamente no lodaçal das superstições.

Relativamente aos fatos, são de duas naturezas: uns espontâneos, outros provocados. Entre os primeiros há que colocar as visões e aparições, que são muito freqüentes; os ruídos, os barulhos, as perturbações de objetos sem causa material aparente, e uma porção de efeitos insólitos, olhados como sobrenaturais e que hoje nos aparecem como coisas simples. Porque para nós nada existe de sobrenatural, desde que tudo entra nas leis imutáveis da natureza.

Os fatos provocados são obtidos com o auxílio dos médiuns.

FALSAS EXPLICAÇÕES DOS FENÔMENOS

Alucinação. — Fluido magnético. — Reflexo do pensamento. — Superexcitação geral. — Estado sonambúlico dos médiuns.

V. — Os mais criticados são principalmente os fenômenos provocados. Passemos por cima de toda suposição de charlatanismo e admitamos a absoluta boa-fé. Não poderíamos pensar sejam os médiuns vítimas de uma alucinação?

A. K. — Que eu saiba até hoje ainda não foi explicado com clareza o mecanismo da alucinação. Tal como se conhece, é, não obstante, um efeito muito raro e muito digno de estudo. Como, pois, os que por este meio pretendem dar-se conta dos fenômenos espíritas, não podem explicar a sua explicação? Por outro lado, fatos há que não se harmonizam com tal hipótese, quando uma mesa ou outro objeto se move, se levanta e dá pancadas; quando à nossa vontade passeia pela sala sem contato de ninguém; quando se separa do solo e se mantém no espaço sem ponto de apoio; quando, enfim, se quebra ao cair, por certo estes não são efeitos produzidos por uma alucinação. Supondo que, em conseqüência de sua imaginação, o médium acreditasse estar vendo aquilo que não existe, é crível que toda a assistência padeça da mesma vertigem? que isto se repita em toda parte e em todos os países? Em casos semelhantes a alucinação seria mais prodigiosa do que o próprio fato.

V. — Admitindo-se a realidade do fenômeno das mesas girantes e batedoras, não seria mais racional atribuí-los à ação de um fluido qualquer, como, por exemplo, do fluido magnético?

A. K. — Este foi o primeiro pensamento que, como outras pessoas, também tive. Se os efeitos tivessem sido pura e simplesmente materiais, sem a menor dúvida tudo poderia ser explicado por esse meio. Quando, porém, os movimentos e as batidas deram provas de inteligência, quando se reconheceu que respondiam ao pensamento com uma certa liberdade, tirou-se a seguinte conseqüência: *"Se todo efeito tem uma causa, todo efeito inteligente tem uma causa inteligente."* Pode isto ser efeito de um fluido? Só se o fluido for inteligente. Quando o senhor vê os braços do aparelho telegráfico fazer sinais e transmitir o pensamento, sabe perfeitamente que a inteligência não está nos braços de madeira ou de ferro do aparelho — mas que é uma inteligência que os move. Outro tanto dá-se com as mesas. Há ou não efeitos inteligentes? Eis a questão. Negam-no as pessoas que não viram tudo, e que se apressam em falar conforme suas próprias idéias, partindo de uma observação superficial.

V. — A isto se responde que se há um efeito inteligente, é que há inteligência — do médium, de quem interroga, ou dos assistentes. Porque dizem, a resposta está sempre na mente de alguém.

A. K. — Também isto é um erro, devido à falta de observação. Se os que assim pensam se tivessem dado ao trabalho de estudar o fenômeno em todas as suas fases, a cada passo teriam reconhecido a absoluta independência da inteligência que se manifesta. Como é possível conciliar esta tese com as respostas que estão fora do alcance intelectual e da instrução do médium, que contradizem as suas idéias, os seus desejos, as suas opiniões, ou que diferem completamente das previsões dos assistentes? Como conciliá-la com os médiuns que escrevem num idioma que desconhecem, ou no seu próprio idioma quando não sabem ler nem escrever?

À primeira vista uma tal opinião nada tem de irracional, digamos francamente. Mas é desmentida pelos fatos, tão numerosos e concludentes, que tornam a dúvida impossível.

Ademais, admitindo essa teoria, longe de simplificar-se, o fenômeno tornar-se-ia prodigioso. Como poderia o pensamento refletir-se numa superfície, do mesmo modo que a luz, o som ou o calor? Certamente isto deveria interessar muito à ciência. Por outro lado — o que não é menos maravilhoso — entre vinte pessoas reunidas, por que iria refletir-se o pensamento de uma determinada pessoa, e não o de uma outra? Tal sistema é inconsistente. É verdadeiramente curioso que os contraditores busquem causas cem vezes mais extraordinárias de compreender que as que apresentamos.

V. — E, conforme a opinião de alguns, não poderia admitir-se que o médium se encontre num estado de crise, gozando de uma lucidez que lhe dá a percepção sonambúlica ou de uma espécie de dupla vista, o que explicaria a momentânea extensão das faculdades intelectuais e que, como se costuma dizer, as comunicações obtidas pelos médiuns não sobrepujem as que são obtidas por meio dos sonâmbulos?

A. K. — Tampouco um tal sistema resiste a um exame profundo. O médium não está em crise, nem adormecido: acha-se bem desperto, agindo e pensando como qualquer outra pessoa, sem experimentar nada de extraordinário. Certos efeitos particulares é que puderam dar lugar a um tal equívoco. Mas, quem quer que não se limite a julgar as coisas pela observação de um só de seus vários aspectos, reconhecerá facilmente que o médium é dotado de uma faculdade especial, que não permite seja confundido com um sonâmbulo, e que a completa independência de seu pensamento está provada por fatos evidentes, sob todos os pontos de vista. Abstração feita das comunicações escritas, qual o sonâmbulo que já fez brotar um pensamento de um corpo inerte? Qual o que produziu aparições visíveis e até tangíveis? Qual o que pôde manter um corpo pesado suspenso no ar sem qualquer apoio? Acaso por um efeito sonambúlico, em minha casa e em presença de vinte testemunhas, desenhou um médium o retrato de uma jovem morta há dezoito meses, a qual ele não havia conhecido, e que foi identificado pelo próprio pai da morta, presente à sessão? Acaso por um efeito sonambúlico a mesa responde com precisão às perguntas que lhe são dirigidas, e até, em certas ocasiões, a perguntas mentais? Seguramente, se se admitir que o médium se encontre num estado magnético, parece difícil admitir-se, por outro lado, que a mesa seja sonâmbula.

Também se diz que os médiuns só falam claramente das coisas conhecidas. Como, então, explicar o fato seguinte, bem como centenas de outros do mesmo gênero? Um amigo meu, excelente médium escrevente, perguntou a um Espírito se uma pessoa, que não via há cerca de quinze anos, ainda estava neste mundo: "Sim; vive ainda", respondeu o Espírito, está em Paris, rua tal, número tanto." Meu amigo foi lá e encontrou a pessoa em questão. Será isto uma ilusão? Podia seu pensamento sugerir-lhe tanto menos esta resposta quanto é certo que, dada a idade da pessoa, as probabilidades eram que já não existisse? Se em certos casos foi verificado que as respostas concordavam com o pensamento, será razoável concluir que esta seja uma lei geral? Nisto, como em tudo, as opiniões precipitadas são perigosas, porque podem ser contrariadas pelos fatos observados.

NÃO PODEM OS INCRÉDULOS VER PARA QUE SE CONVENÇAM

V. — O que os incrédulos querem ver são os fatos positivos. É o que pedem e que, na maioria das vezes, não lhes podem ser proporcionados. Se todos pudessem testemunhar semelhantes fatos não lhes seria lícito duvidar. Como é, então, que tantas pessoas, a despeito de sua boa vontade, nada conseguiram ver? Conforme dizem, argumentam com sua falta de fé, ao que, razoavelmente, respondem que não lhes é possível ter uma fé antecipada, e que se desejam que elas creiam, deveriam proporcionar-lhes os meios de crer.

A. K. — A razão é muito simples. Querem subordinar os fatos à sua vontade, e os Espíritos a isto não se submetem; é necessário esperar a sua boa vontade. Não basta, pois, dizer: apresente-me tal fato e eu acreditarei. É mister ter a vontade da perseverança, deixar que os fatos se produzam espontaneamente, sem pretender forçá-los nem os dirigir. Aquilo que o senhor deseja talvez seja exatamente o que não há de obter. Outros, porém, apresentar-se-ão e o fato ambicionado surgirá quando menos se espera. Aos olhos do observador atento e assíduo surge da massa dos fatos que se corroboram reciprocamente. Mas aquele que julga bastar uma volta da manivela para fazer a máquina funcionar engana-se redondamente. Que faz o naturalista que deseja estudar os costumes de um animal? Por acaso manda que faça isto ou aquilo, a fim de o observar ao seu gosto? Não, porque sabe perfeitamente que não será obedecido. *Espia* as manifestações espontâneas de seu instinto; espera-as e as colhe como se apresentam. O simples senso-comum demonstra que com maior razão o mesmo deve ser feito em relação aos Espíritos, que são inteligências independentes e de modo muitíssimo diverso dos animais.

Erro é supor que a fé seja necessária. Entretanto a *boa-fé* é outra coisa. Há cépticos que chegam a negar aquilo que é evidente; a estes nem os prodígios convencem. Quantos há que, depois de haverem visto, pretendem explicar os fatos ao seu modo, dizendo que nada provam? Esses que tais servem apenas para perturbar as reuniões, sem lograr qualquer proveito. Por isto são afastados das mesmas e com eles não se perde tempo. Também há outros que se veriam muito contrariados se fossem forçados a crer, porque seu amor-próprio sentir-se-ia ofendido se tivessem que confessar que se tinham enganado. E que responder às pessoas que não vêem em tudo isso mais do que ilusão e charlatanice? Nada: é necessário deixá-las em paz e permitir que digam, enquanto o quiserem, que nada puderam ver e, mesmo, que nada quiseram ou puderam permitir que vissem.

Ao lado de tais cépticos endurecidos encontram-se os que desejam ver à sua maneira. Tendo formado opinião própria, eles desejam tudo referir a êsse ponto de vista. Não compreendem que certos fenômenos podem deixar de lhes obedecer a vontade e não sabem ou não querem colocar-se nas condições indispensáveis. Aquele que deseja observar de boa-fé não deve crer porque lhe disseram que acreditasse, mas, sim, despojar-se de toda idéia preconcebida, desistindo de assimilar coisas incompatíveis. Deve esperar, persistir e observar com infatigável paciência, condição favorável aos adeptos, pois prova que sua convicção não se formou levianamente. O senhor tem uma tal paciência? Não, responderá o senhor; não disponho de tempo para tanto. Sendo assim, não se ocupe com o assunto; nem fale mais nisto. Ninguém o obriga.

BOA OU MÁ VONTADE DOS ESPÍRITOS PARA CONVENCER

V. — Não obstante, devem os Espíritos desejar fazer prosélitos. Por que, então, não se prestam, mais do que o fazem, aos meios de convencer a certas pessoas, cuja opinião teria muita influência?

A. K. — É que, aparentemente e por enquanto, não estão muito dispostos a convencer certas pessoas, cuja importância não reputam tão grande quanto elas mesmas imaginam. Concordo que isto é pouco lisonjeiro, mas nós não governamos a opinião dos Espíritos; eles têm um modo de julgar as coisas nem sempre igual ao nosso; vêem, pensam e agem contando com outros elementos; enquanto nossa visão está circunscrita pela matéria, limitada pelo círculo estreito, em cujo centro nos encontramos, os Espíritos abarcam o conjunto; o tempo, que nos parece tão longo, para eles é um instante; a distância, um passo; certos pormenores, que se nos afiguram de suma importância, são puerilidades aos seus olhos, ao passo que consideram importantes certas coisas cuja conveniência nos passa desapercebida. Para os compreender é preciso elevar o pensamento acima do horizonte material e moral, e nos colocarmos em seu ponto de vista. Não são eles que devem descer até nós, mas nós que nos devemos elevar até eles. É a isto que nos conduzem o estudo e a observação.

Os Espíritos apreciam os observadores assíduos e conscienciosos e para estes multiplicam as caudais de luz. O que os afasta não é a dúvida produzida pelo desconhecimento, mas a fatuidade dos pretensos observadores que nada observam, que pretendem pô-los no banco, e manobrá-los como títeres; é sobretudo o sentimento de hostilidade e de aviltamento que alimentam, sentimento que se acha em sua mente, quando não se trai nas palavras. Por estes nada fazem os Espíritos e ligam muito pouco caso ao que possam dizer ou pensar. Porque também estes terão o seu dia.

Por isso é que eu disse que não é a fé que lhes é preciso — mas a boa-fé.

ORIGEM DAS IDÉIAS ESPÍRITAS MODERNAS

V. — Senhor, eu desejaria saber em que ponto se originam as modernas idéias espíritas. Serão o resultado de uma revolução espontânea dos Espíritos ou de uma crença anterior à sua existência? O senhor compreenderá a importância de minha pergunta porque, em último caso, poderia admitir-se que a imaginação não seja alheia a semelhantes idéias.

A. K. — Como o senhor mesmo o diz, esta pergunta é importante sob tal ponto de vista, posto que seja difícil admitir-se —já admitindo que as idéias tivessem nascido de uma crença anterior — que a imaginação haja podido produzir todos os resultados materialmente observados. Com efeito, se o Espiritismo estivesse fundado numa idéia preconcebida da existência dos Espíritos, poder-se-ia, com certa aparência de razão, duvidar de sua realidade. Porque se a causa é uma quimera, quiméricas também devem ser as conseqüências. Mas as coisas não se passaram assim.

Antes de mais nada observe que tal modo de proceder seria completamente ilógico. Os Espíritos são causa e não efeito. Quando se observa um efeito, pode indagar-se de sua causa. Mas não é natural imaginar-se uma causa *antes de haver observado os seus efeitos*. Assim, pois, não era possível conceber a idéia de Espíritos, se se não tivessem observado certos efeitos, que encontravam provável explicação na existência de seres invisíveis. Pois bem: nem assim foi sugerido semelhante pensamento; isto é, não foi uma hipótese, imaginada para explicar certos fenômenos. A primeira suposição que se fêz foi a de que a causa era material. Assim, pois, longe de ter sido preconcebida a idéia dos Espíritos, partiu-se de um ponto de vista *materialista*. Entretanto, como este não foi suficiente para explicar tudo, a observação — e só a observação — conduziu à causa espiritual. Falo das idéias espíritas modernas, pois já sabemos que esta crença é tão antiga quanto o mundo.

Eis como as coisas se desenvolveram.

Produziram-se certos fenômenos espontâneos, tais como ruídos estranhos, movimentos de objetos, etc., sem uma ostensiva causa conhecida; os fenômenos puderam ser reproduzidos sob a influência de certas pessoas. Até então nada autorizava a buscar outra causa, além do fluido magnético, ou de outra natureza, e cujas propriedades nos eram desconhecidas. Não tardou, porém, que se reconhecesse nos ruídos e movimentos um caráter intencional e inteligente, de onde se deduziu, conforme tenho dito, que se todo efeito tem uma causa, **todo efeito inteligente tem uma causa inteligente**. Essa inteligência não podia residir no próprio objeto, por isso que a matéria não é inteligente. Seria um reflexo da pessoa ou pessoas presentes? Como já disse, a princípio também pensei que o fosse. Só a experiência poderia decidir. E a experiência demonstrou com provas irrecusáveis, em não poucas ocasiões, a completa independência do objeto e da pessoa. Quem seria? Ela mesma respondeu, declarando-se pertencer à ordem dos seres incorpóreos, designadas pelo nome de Espíritos. Assim, pois, a idéia de Espíritos não preexistiu, como não foi consecutiva; numa palavra, não saiu de um cérebro — foi dada pelos próprios Espíritos, os quais posteriormente ensinaram tudo quanto sobre eles sabemos.

Revelada a existência dos Espíritos e estabelecidos os meios de comunicação, foi possível manter uma conversação continuada e fazer uma resenha sobre a natureza daqueles seres bem como sobre as condições de sua existência e de sua missão no mundo visível. Se do mesmo modo fosse possível interrogar os seres do mundo dos infinitamente pequenos, quantas coisas curiosas não ficaríamos sabendo a seu respeito!

Suponhamos que antes da descoberta da América tivesse havido um cabo telegráfico através do Atlântico e que na extremidade européia houvessem sido assinalados sinais inteligentes. Não se poderia ter concluído que na outra extremidade existiam seres inteligentes, que procuravam tomar contato conosco? Então eles teriam sido interrogados e nós teríamos colhido as suas respostas, assim adquirindo a certeza, o conhecimento de seus costumes, de seus hábitos, de sua maneira de ser, sem que nunca os tivéssemos visto. O mesmo aconteceu com as relações do mundo invisível: as manifestações materiais foram como sinais, ou advertências, que nos ensancharam comunicações mais regulares e mais freqüentes. E — coisa notável — à medida que temos tido ao nosso alcance os meios mais fáceis de comunicação, os Espíritos abandonam os primitivos, insuficientes ou incômodos, como um mudo que, recuperando a palavra, renunciasse à linguagem dos sinais.

Quem eram os habitantes desse mundo? Seres excepcionais, fora da humanidade? Bons ou maus? Também a experiência se encarregou de resolver estas questões. Mas, enquanto numerosas observações não projetaram luz sobre o assunto, o campo esteve aberto às conjeturas e aos sistemas que — bem o sabe Deus — não faltaram. Uns viram em todos apenas Espíritos superiores; outros, apenas demônios. Podiam ser julgados por suas palavras e atos. Suponhamos que dos habitantes transatlânticos a que pouco antes nos referimos, uns houvessem dito muito boas coisas, enquanto outros se tivessem feito notar pelo cinismo de sua linguagem. Sem a menor dúvida ter-se-ia deduzido que entre aqueles havia bons e maus. Foi o que aconteceu com os Espíritos, entre os quais foram reconhecidos todos os graus de bondade, bem como de maldade, de ignorância e de conhecimento. Instruídos acerca de suas excelências, a nós tocava separar o bom do mau, o verdadeiro do falso, nas relações que com eles mantivéssemos, do mesmo modo por que procedemos com os homens.

A observação não só nos esclareceu quanto às qualidades dos Espíritos, mas ainda sobre a sua natureza e aquilo a que poderíamos chamar o seu estado fisiológico. Por eles mesmos ficamos sabendo que uns eram muitos felizes, enquanto outros eram muito infelizes. Que não são seres excepcionais, nem de natureza especial: são as próprias almas dos que viveram na

Terra, onde deixaram seu invólucro corpóreo; povoam os espaços, rodeiam-nos e incessantemente se acotovelam conosco; entre eles podem reconhecer-se por sinais incontestáveis, *parentes, amigos e conhecidos da Terra*. Foi possível acompanhá-los em todas as fases de sua existência de além-túmulo, desde o momento em que abandonavam o corpo, observando-se a sua situação, conforme seu gênero de morte e o modo por que tinham vivido na Terra. Por fim ficamos sabendo que não eram seres abstratos, imateriais, no sentido absoluto do vocábulo: têm um envoltório a que damos o nome de *perispírito*, espécie de corpo fluídico, vaporoso, diáfano, normalmente invisível, mas que, em certos casos, e por uma espécie de condensação ou disposição molecular, podem tornar-se visíveis e, até, momentâneamente tangíveis. Assim ficou explicado o fenômeno das aparições e dos contatos. Esse envoltório existe durante a vida do corpo: é o laço entre o Espírito e a matéria. Morto o corpo, a alma ou Espírito, o que é a mesma coisa, apenas se despoja do envoltório grosseiro, conservando o outro, do mesmo modo que quando tiramos as roupas exteriores, ficando com as roupas internas, ou como o germe do fruto se despoja da casca, conservando o *perisperma*. Esse envoltório semimaterial do Espírito é o agente dos diversos fenômenos, por meio dos quais manifestam a sua presença.

Tal é, senhor, em poucas palavras, a história do Espiritismo. Já vê o senhor, e o reconhecerá melhor quando o tiver estudado a fundo, que nele tudo é resultado da observação — e não o fruto de um sistema preconcebido.

MEIOS DE COMUNICAÇÃO

V. — Falou-me o senhor dos meios de comunicação. Poderia dar-me uma idéia deles, já que difícil é compreender como esses seres invisíveis podem conversar conosco?

A. K. — Com muito gosto. Entretanto serei breve, porque este ponto exigiria uma longa digressão, que o senhor encontrará em O LIVRO DOS MÉDIUNS. Contudo, o pouco que vou dizer será bastante para lhe dar uma indicação do mecanismo e, sobretudo, para o fazer compreender melhor algumas experiências a que poderá assistir, enquanto espera uma iniciação completa.

A existência desse envoltório semimaterial, ou perispírito, já é uma chave que explica muitas coisas e demonstra a possibilidade de certos fenômenos. Quanto aos meios, são muito variados e dependem tanto da natureza, mais ou menos pura, do Espírito, quanto das disposições particulares das pessoas que lhes servem de intermediários. O mais vulgar, aquele que pode chamar-se universal, consiste na intuição, isto é, nas idéias e pensamentos que nos sugerem. Mas este meio é muito pouco apreciável, na generalidade dos casos. Outros há mais materiais. Certos Espíritos se comunicam por meio de golpes, respondendo *sim* ou *não*, e designando as letras que devem formar cada palavra. Os golpes podem ser obtidos por um movimento basculante de um objeto, como, por exemplo, uma meesa, que bate as pancadas com um dos pés. Freqüentemente são dadas na substância mesma dos objetos, sem que estes se movam. Este modo primitivo é lento e dificilmente se presta a desenvolvimentos de certa extensão. Foi substituído pela escrita, que se obtém de vários modos.

A princípio empregou-se — e às vezes ainda se emprega — um objeto móvel, como uma pequena prancheta, uma cesta, ou uma caixa, à qual se adapta um lápis, cuja ponta corre sobre o papel. A natureza e a substância do objeto são indiferentes. O médium põe a mão sobre aquele e lhe transmite a influência que recebe do Espírito; então o lápis traça os caracteres. Mas esse objeto, a bem dizer, não passa de um apêndice da mão, ou um suplemento do lápis. Mais tarde foi reconhecida a inutilidade de semelhante intermediário, que não passava de uma complicação do mecanismo, cujo único mérito era evidenciar de modo mais ou menos material, a independência do médium, que pode escrever segurando o lápis diretamente.

Os Espíritos também se manifestam e podem transmitir seus pensamentos por meio de sons articulados, que ora ressoam no espaço, ora no nosso ouvido; pela voz do médium, pela visão, pelo desenho, pela música e por outros meios que só um estudo completo dará a conhecer. Para isto têm os médiuns diferentes adptidões especiais, dependentes de sua organização. Assim, pois, temos médiuns para efeitos físicos, isto é, aptos para produzir fenômenos materiais, como pancadas, movimentos de objetos, etc.; médiuns auditivos, falantes, desenhistas, músicos, escreventes.

Esta última faculdade é a mais comum, a que melhor se desenvolve com o exercício e a mais preciosa, porque permite comunicações mais freqüentes e mais rápidas.

O médium escrevente apresenta numerosas variedades, das quais duas são muito notáveis. Para as compreender é mister dar-se conta do modo como se processa o fenômeno. Às vezes o Espírito age sobre a mão do médium, dando a esta um impulso absolutamente independente da sua vontade e sem que ele tenha consciência do que escreve: tal é o *médium escrevente mecânico*. Outras vezes age sobre o cérebro; seu pensamento penetra o do médium que, posto escreva involuntariamente, tem consciência mais ou menos clara do que recebe: é o *médium intuitivo*. Seu papel é, exatamente, o de um intérprete que transmite um pensamento que não é seu e que, não obstante, lhe é preciso compreender. Posto que neste caso o pensamento do Espírito e o do médium por vezes se confundam, ensina a experiência a distingui-los facilmente.

Por ambos estes gêneros de mediunidade são obtidas boas comunicações. A vantagem dos mecânicos é principalmente para as pessoas que ainda não se acham convencidas. Aliás a qualidade essencial do médium está mais na natureza dos Espíritos que o assistem e nas comunicações que recebe do que nos meios de execução.

V. — O processo me parece dos mais simples. Ser-me-á possível experimentá-lo?

A. K. — Sem o menor inconveniente. Direi mais: se o senhor for dotado da faculdade medianímica, será este o melhor meio de se convencer, porque não poderá suspeitar de sua própria boa-fé. Apenas lhe recomendo vivamente que não se entregue a nenhuma prova antes de haver estudado atentamente. As comunicações de além-túmulo estão inçadas de mais dificuldades do que geralmente se pensa; não se acham isentas nem de inconvenientes, nem de perigos para os que não têm a necessária experiência. Acontece o que aconteceria a quem quisesse fazer manipulações químicas sem saber Química: arrisca-se a queimar os dedos.

V. — Pode conhecer-se esta aptidão por algum sinal?

A. K. — Até o momento nenhum diagnóstico é conhecido para a mediunidade: todos os que tinham sido considerados como tais carecem de valor. O melhor meio de saber se se é médium ou não é experimentar. Além disso os médiuns são muito numerosos; e é muito raro que, a gente mesmo não sendo, não encontre quem o seja na família ou entre os conhecidos. O sexo, a idade e o temperamento são indiferentes: encontram-se médiuns entre homens e senhoras, crianças e velhos, sãos e enfermos.

Se a mediunidade se traduzisse por um sinal exterior qualquer, este implicaria na permanência da faculdade. Mas esta é essencialmente móvel e fugidia. Sua causa física está na assimilação, mais ou menos fácil, dos fluidos perispirituais do encarnado e do Espírito desencarnado; sua causa moral é a vontade do Espírito em se comunicar quando lhe apraz e não à nossa vontade. Disso resulta que: 1.º — nem todos os Espíritos podem comunicar-se indiferentemente; 2.º — todo médium pode perder, ou ter suspensa, a sua faculdade, quando menos o espera. Estas palavras bastam para demonstrar que este ponto é um vasto campo de estudo, para poder dar-se conta das variações apresentadas por este fenômeno.

Seria, pois, um erro pensar que todo Espírito pode vir ao chamamento que se lhe faça e comunicar-se com o primeiro médium que se apresente. Para que um Espírito se comunique, antes de mais nada é preciso que lhe convenha fazê-lo; em segundo lugar, que sua posição e suas ocupações o permitam fazê-lo; em terceiro lugar, que encontre no médium um instrumento propício, adaptado à sua natureza.

Em princípio é possível comunicar-se com Espíritos de todas as ordens, com os parentes e amigos, assim como com os vulgares ou os mais elevados. Mas, independentemente das condições individuais de possibilidade, vêm mais ou menos voluntariamente, conforme as circunstâncias e, *sobretudo,* em razão de sua simpatia pelas pessoas que os chamam e não ao chamamento do primeiro caprichoso que resolvesse evocá-los por mera curiosidade. Em semelhante caso, não lhes tendo prestado atenção em vida, menos ainda o farão depois de mortos.

Os Espíritos sérios só comparecem a reuniões sérias, onde são chamados com *recolhimento,* e *por motivos sérios.* Não se prestam a nenhuma pergunta de curiosidade, de prova fútil, nem a qualquer experiência.

Os Espíritos levianos encontram-se por toda parte. Mas nas reuniões sérias guardam silêncio e se mantêm ocultos a fim de ouvir, como o faria um estudante numa assembléia ilustrada. Nas reuniões frívolas tomam a desforra, divertem-se com todos, freqüentemente pregando peças aos concorrentes e a tudo respondendo sem se preocuparem com a verdade.

Os chamados Espíritos batedores e, de um modo geral, todos os que produzem manifestações físicas, são de ordem inferior, sem que, entretanto, sejam essencialmente maus. Têm, de certo modo, uma aptidão especial para os efeitos materiais. Os Espíritos superiores não se ocupam de semelhantes coisas, do mesmo modo que os nossos sábios não se ocupam com pelóticas e acrobacias. Quando têm necessidades daqueles efeitos, empregam Espíritos de classe adequada, assim como nós nos servimos dos operários para a parte de trabalhos manuais.

MÉDIUNS INTERESSEIROS

V. — Antes de consagrar-se a um largo estudo, certas pessoas gostariam de ter a certeza de que não perderão o tempo, uma certeza obtida por um fato concludente e pagariam a peso de ouro.

A. K. — Aquele que não quer se dar ao trabalho de estudar tem mais curiosidade do que o real desejo de instruir-se. E os Espíritos não apreciam os curiosos mais do que eu. Por outro lado a cobiça lhes é particularmente antipática e não se prestam a coisa alguma para a satisfazer. Seria preciso que deles se formasse uma idéia muito falsa, para crer que Espíritos superiores, como Fénelon, Bossuet, Pascal e Santo Agostinho, por exemplo, se ponham às ordens do primeiro adventício a tanto por hora. Não, cavalheiro, as comunicações de além--túmulo são muito mais sérias e requerem muito respeito para serem postas em exibição.

Por outro lado, sabemos que os fenômenos espíritas não marcham como as rodas de um mecanismo, de vez que dependem da vontade dos Espíritos. Mesmo admitindo a aptidão mediúnica, ninguém pode garantir que os recebe num dado momento. Se os incrédulos costumam suspeitar da boa-fé dos médiuns em geral, pior seria se neles se notasse o estímulo do interesse. E com razão poderia suspeitar-se que o médium retribuído simulasse o fenômeno quando este não fosse produzido pelo Espírito, porque antes de tudo ele precisa ganhar dinheiro. Além de ser o desinteresse mais absoluto a melhor garantia de sinceridade, repugnaria à razão fazer vir por interesse as pessoas que nos são queridas, supondo que elas concordassem com isto, o que é ainda mais duvidoso. Em todo caso, só se prestariam a estes propósitos Espíritos de ínfima condição, pouco escrupulosos a respeito dos meios e indignos de confiança e, ainda, gozariam o censurável prazer de burlar as combinações e os cálculos de seus panegíricos.

A natureza da faculdade mediúnica se opõe, assim, a que esta seja convertida numa profissão, porque depende de uma vontade estranha ao médium e que lhe poderia faltar no momento em que mais precisasse — a menos que não a suprisse por astúcia. Admitindo, porém, uma completa boa-fé, desde o momento em que os fenômenos não são obtidos à vontade, seria efeito da casualidade que na sessão paga se produzisse precisamente o fato desejado para convencer alguém. Bem pode o senhor dar cem mil francos a um médium, certo de que não obterá dos Espíritos aquilo que estes não querem fazer. Este engodo, que desnaturalizaria a intenção transformando-a em violento desejo de lucro, seria, ao contrário, um motivo para que nada obtivesse. Se se estiver persuadido da verdade de que o afeto e a simpatia são os mais poderosos móbeis de atração para os Espíritos, compreender-se-á que não podem ser solicitados pelo pensamento de os utilizar com fins lucrativos.

Aquele, pois, que tiver necessidade de fatos para se convencer, deve provar aos Espíritos a sua boa vontade por uma observação séria e paciente, se quiser ser por eles auxiliado. Mas se é verdade que a fé não se impõe, não o é menos que não se compra.

V. — Compreendo este raciocínio sob o ponto de vista moral. Mas não seria justo que aquele que emprega o seu tempo no interesse da causa fosse indenizado, de vez que aquelas atividades o impossibilitam de trabalhar para viver?

A. K. — Antes de tudo, ele o faz no interesse da causa, ou no próprio interesse? Se deixou o emprego é porque não estava satisfeito e esperava ganhar mais no novo, ou trabalhar menos. Nenhum mérito há no emprego do tempo, quando se o faz visando um proveito. Seria o mesmo que dizer que o padeiro fabrica o pão em benefício da humanidade. A mediunidade não é o único recurso; se não existissem os médiuns interesseiros ver-se-iam obrigados a ganhar a vida de outro modo. Os médiuns verdadeiramente sérios e desinteressados buscam meios de viver no trabalho ordinário e não abandonam as ocupações quando não têm uma existência independente. Só dedicam à mediunidade o tempo que podem dedicar, sem prejuízo. Se o fazem nos seus momentos de desocupação e de repouso, então existe o verdadeiro desinteresse, pelo qual lhes demonstram agradecimento, estima e respeito.

Por outro lado, a multiplicidade de médiuns nas famílias torna inúteis os médiuns profissionais, ainda mesmo quando se admitisse que estes pudessem oferecer todas as garantias requeridas, o que é muito raro. Se não fosse o descrédito em que caíram estes exploradores — e eu me felicito por haver contribuído grandemente para isto — veríamos pululando os médiuns mercenários, e a abundância de seus anúncios nos jornais. Por um que pudesse ser honesto, ter-se-iam encontrado uma centena de charlatães que, abusando da verdadeira faculdade, ou a simulando, teriam prejudicado enormemente o Espiritismo. Assim, é um princípio que todos aqueles que vêem no Espiritismo algo mais que uma exibição de fenômenos estranhos, que compreendem e apreciam a dignidade, a consideração e os verdadeiros interesses da doutrina, reprovam toda espécie de especulação, seja qual for a forma ou disfarce por que se apresente. Os médiuns honestos e sinceros — e dou este nome aos que compreendem a santidade do mandato que Deus lhes há confiado — evitam até as aparências que sobre si mesmo pudessem fazer recair a menor suspeita de cobiça. A acusação de que obtêm qualquer proveito de suas faculdades seria por esses médiuns considerada uma injúria.

Convenha, pois, o senhor, por mais incrédulo que seja, em que um médium em semelhantes condições o impressionaria de modo muito diverso do que se houvesse pago a sua entrada para vê-lo trabalhar ou, ainda mesmo quando tivesse recebido uma cadeira grátis, se soubesse que por detrás de tudo isso havia uma questão de interesse. Convenha em que, vendo o primeiro, animado de verdadeiro sentimento religioso, estimulado unicamente pela fé e não pelo desejo de lucro, ele lhe imporia respeito, mesmo que fosse o mais modesto operário, e lhe inspiraria mais confiança, porque não haveria motivos para suspeitar de sua lealdade. Pois bem, como o médium indicado o senhor encontrará mil por um. E é esta uma das causas que contribuíram muito poderosamente para o crédito e para a propagação da doutrina, ao passo que, se não tivesse tido senão intérpretes interesseiros, não contaria a quarta parte dos adeptos que hoje conta.

Isso foi tão bem compreendido que os médiuns profissionais são extremamente raros, pelo menos na França, e desconhecidos na maioria dos centros espíritas provincianos, onde a simples reputação de mercenários seria suficiente para os excluir de todos os grupos sérios, onde o ofício não lhes seria rendoso, em conseqüência do descrédito que lhes adviria e da concorrência dos médiuns desinteressados, onde quer que se encontrem.

Para suprir a faculdade que lhes falta, ou a insuficiência da clientela, existem os que se dizem médiuns, e que a obtêm através das cartas, da sorte do ovo, etc., a fim de satisfazer todos os gostos, por tal meio *esperando atrair — na falta dos espíritas — os que ainda acreditam em coisas tão estúpidas.* Se não se prejudicassem senão a si mesmos, pequeno seria o mal; mas há criaturas que, sem raciocinar bastante, confundem o abuso com a realidade, além dos mal intencionados, que de tal se aproveitam, para dizer que nisto consiste o Espiritismo. Já vê o senhor que, conduzindo a exploração da mediunidade a abusos prejudiciais à doutrina, o Espiritismo sério tem razões para a repudiar, como força auxiliar.

V. — Concordo: tudo isto é muito lógico. Mas os médiuns desinteressados não estão à disposição de todos e nós não os podemos incomodar, ao passo que não fazemos cerimônias com os que se fazem pagar, pois sabem que não estão perdendo tempo. A existência dos *médiuns públicos* seria uma vantagem para as pessoas que quisessem convencer-se.

A. K. — Mas se os médiuns públicos, como o senhor os chama, não oferecem as garantias necessárias, que utilidade poderiam prestar à convicção? O inconveniente que o senhor assinala não destrói os outros, mais graves, que apresentei. Acudir-se-ia a eles mais por diversão ou para ler a buenadicha do que para instruir-se. Aquele que realmente deseja convencer-se, mais cedo ou mais tarde encontrará os meios, desde que tenha perseverança e boa vontade; se, porém, não estiver preparado, não se convencerá assistindo a uma sessão. Se a ela chega com uma impressão desfavorável, com impressão pior sairá e talvez se sinta desgostoso de prosseguir num estudo onde nada viu de sério, coisa que já tem sido comprovada pela experiência.

Entretanto, ao lado das condições morais, os progressos da ciência espírita hoje nos patenteiam uma dificuldade material, na qual não se pensava antes, e que nos dá a conhecer melhor as condições em que se produzem as manifestações. Tal dificuldade se refere às afinidades fluídicas que devem existir entre o Espírito evocado e o médium.

Passo por cima da idéia de fraude e de intrujice, admitindo a mais completa lealdade. Para que um médium profissional pudesse oferecer perfeita garantia às pessoas que fossem consultá-lo, seria preciso que possuísse uma faculdade permanente e universal, isto é, que pudesse comunicar-se facilmente com qualquer Espírito e a qualquer momento, para estar, assim, constantemente à disposição do público, como um médico, e satisfazer a todas as evocações que lhe fossem pedidas. E isto não acontece com nenhum médium, interesseiro ou não, por causas independentes da vontade do Espírito, e que neste momento não posso analisar, porque não estou ministrando um curso de Espiritismo. Limitar-me-ei, pois, a dizer que as afinidades fluídicas, que são o princípio das faculdades mediúnicas, são *individuais* e não *gerais,* que podem existir de um médium para com um Espírito e não para com um tal outro; que sem essas afinidades, cujos matizes são muito variados, as comunicações são incompletas, falsas, ou impossíveis; que muito freqüentemente a assimilação fluídica entre o Espírito e o médium só se estabelece com o tempo e que *apenas uma vez em dez* se estabelece completamente logo ao primeiro momento. Como o senhor vê, a mediunidade está subordinada a leis, até certo ponto orgânicas, às quais obedece todo médium. E não se pode negar que seja este um escolho para a mediunidade profissional, uma vez que a possibilidade e a exatidão das comunicações se relacionam com causas independentes do médium e do Espírito. (Vide adiante, Cap. II, seção DOS MÉDIUNS.)

Se, pois, repelimos a exploração da mediunidade, não é por capricho ou por sistema mas porque os mesmos princípios que governam as relações com o mundo invisível se opõem à regularidade e à precisão necessárias àquele que se põe à disposição do público, e porque o desejo de satisfazer à clientela que paga conduz ao abuso. Daqui não concluo que todos os médius sejam charlatães; digo, porém, que o desejo de lucro impele para o charlatanismo e autoriza, embora não justifique, a suspeita de intrujice. Aquele que quer convencer-se deve buscar, antes de tudo, elementos sinceros.

MÉDIUNS E FEITICEIROS

V. — Desde que a mediunidade consiste em estabelecer relações com os poderes ocultos, parece que médiuns e feiticeiros são vocábulos mais ou menos sinônimos.

A. K. — Em todas as épocas houve médiuns naturais ou inconscientes, qualificados como feiticeiros, porque produziam fenômenos insólitos e não compreendidos; pensavam que tivessem pacto com o diabo. Isto também aconteceu com a maior parte dos sábios, que possuíam conhecimentos superiores aos do vulgo. A ignorância exagerou o seu poder e, com freqüência, eles mesmos abusaram da credulidade pública e a exploraram. Daí a justa reprovação de que foram vítimas. Basta comparar o poder atribuído aos feiticeiros com a faculdade dos verdadeiros médiuns, para estabelecer-se a diferença. A maior parte dos críticos, entretanto, não se dão à esse trabalho. Longe de ressuscitar a feitiçaria, o Espiritismo a destrói, despojando-a de seu pretenso poder sobrenatural e de suas falsas fórmulas, feitiços, amuletos e talismãs, reduzindo os fenômenos positivos ao seu justo valor, sem sair das leis naturais.

A assimilação que certas pessoas buscam fazer, provém do erro, em que se encontram, de pensar *que os Espíritos estejam à disposição dos médiuns.* Repugna à sua razão que possa depender do primeiro adventício fazer vir à vontade e a um determinado ponto, o Espírito desta ou daquela pessoa, mais ou menos ilustre. Nisto estão certos. E se, antes de censurar o Espiritismo, tivessem tomado o trabalho de inteirar-se dele, teriam ficado sabendo que ele diz, terminantemente, que *os Espíritos não estão sujeitos aos caprichos de ninguém e que ninguém os pode obrigar a vir ao seu capricho e a despeito de tudo.* De onde se deduz que os médiuns não são feiticeiros.

V. — De acordo com isto, todos os efeitos que certos médiuns obtêm por sua própria vontade e em público para o senhor não passam de mistificações?

A. K. — Não o digo de modo absoluto. Certos fenômenos não são impossíveis: há Espíritos de grau inferior, que a eles se prestam e com isso se divertem; talvez tivessem feito, em sua vida terrena, o papel de charlatães; por outro lado, há médiuns especialmente adequados para esse gênero de manifestações. Entretanto o mais vulgar senso-comum repele a idéia de que Espíritos elevados, por pouco que o sejam, venham tomar parte numa comédia e alardear poderes para divertir os curiosos.

A obtenção destes fenômenos à vontade dos que os conseguem e, sobretudo, em público, é sempre suspeita; em semelhante caso a mediunidade e a prestidigitação andam tão juntas que com freqüência é difícil distingui-las. Antes de ver naqueles fenômenos a ação dos Espíritos são necessárias minuciosas observações e levar em conta ora o caráter e os antecedentes do médium, ora uma porção de circunstâncias, que só um profundo estudo da teoria dos fenômenos espíritas permite apreciar. É de notar-se que esse gênero de mediunidade — se mediunidade existe no caso — está limitado à produção do mesmo fenômeno, com ligeiras variações, o que não é muito adequado a dissipar dúvidas. Um desinteresse absoluto seria a melhor garantia de sinceridade.

Seja qual for a realidade de tais fenômenos, como efeitos medianímicos, produzem um bom resultado, qual o de vulgarizar a idéia espírita. A controvérsia que se estabelece sobre o assunto induz muita gente a um estudo mais acurado. É óbvio que não é em tais meios que se deve ir buscar instrução séria sobre o Espiritismo, nem sobre a filosofia da doutrina; mas é um meio de chamar a atenção dos indiferentes e obrigar os mais recalcitrantes a falar dessa matéria.

DIVERSIDADE DOS ESPÍRITOS

V. — O senhor fala dos Espíritos bons e maus, sérios e levianos. Confesso que não me dou conta desta diferença e penso que, ao deixar o invólucro material, devem despojar-se também das imperfeições inerentes à matéria; que para eles deve fazer-se a luz sobre as verdades que nos estão ocultas; e que devem sentir-se livres das preocupações terrenas.

A. K. — Sem dúvida alguma que se encontram livres das imperfeições físicas, isto é, das enfermidades e fraquezas do corpo. Mas as imperfeições morais se referem ao Espírito e não ao corpo. Entre os Espíritos uns estão mais ou menos adiantados intelectual e moralmente. Seria erro pensar que, ao deixar o corpo material, os Espíritos recebam subitamente a luz da verdade. Por exemplo, crê o senhor que, ao morrer, não haja nenhuma diferença entre o seu Espírito e o de um selvagem ou o de um malfeitor? Se assim fosse, de que serviria haver trabalhado para instruir-se e melhorar-se, desde que qualquer um seria tanto quanto o senhor depois de morto? Só gradativamente e, às vezes, muito lentamente, se verifica o progresso dos Espíritos. Dependendo de sua purificação, entre estes uns há que vêem as coisas sob um ponto de vista mais exato do que durante a vida; outros, ao contrário, ainda conservam as mesmas paixões, as mesmas preocupações e os mesmos erros, até que o tempo e novas provas hajam permitido que se aperfeiçoem.

Note bem que o que digo é resultado da experiência. Foi assim que eles se nos apresentaram em suas comunicações. É, pois, princípio elementar do Espiritismo que entre os Espíritos há-os de todos os graus de inteligência e de moralidade.

V. — Mas, então, por que nem todos os Espíritos são perfeitos? Deus os cria de todas as categorias?

A. K. — Isto seria o mesmo que perguntar porque nem todos os alunos de um colégio cursam filosofia. Todos os Espíritos têm a mesma origem e o mesmo destino. As diferenças entre eles existentes não são de espécie — são devidas aos diversos graus de adiantamento. Os Espíritos não são perfeitos, porque são as almas dos homens, e estes não são perfeitos:

são encarnação de Espíritos mais ou menos adiantados. O mundo corpóreo e o mundo espiritual se alternam incessantemente: pela morte do corpo, o mundo corpóreo oferece seu contingente ao mundo espiritual; pelo nascimento, o espiritual alimenta a humanidade. Em cada nova existência o Espírito realiza um progresso maior ou menor e, quando tiver adquirido na Terra a soma de conhecimentos e a elevação moral de que é susceptível o nosso globo, deixá-lo-á, passando a outro mundo mais adiantado, onde aprenderá novas coisas.

Os Espíritos que formam a população invisível da Terra são, até certo ponto, um reflexo do mundo corpóreo: encontram-se entre eles os mesmos vícios e as mesmas virtudes; há-os sábios, ignorantes, pseudo-sábios, prudentes, estouvados, filósofos, racionalistas e sistemáticos; como não se despojaram de todas as suas preocupações, todas as opiniões políticas e religiosas têm seus representantes em seu meio; cada um fala segundo as suas idéias e, amiúde, o que dizem não passa de opinião pessoal. Por isso não se deve aceitar cegamente tudo quanto dizem os Espíritos.

V. — Sendo assim, encontro uma enorme dificuldade: em semelhante conflito de opiniões, como distinguir a verdade do erro? Não compreendo para que nos possam servir os Espíritos nem o que possamos ganhar com as suas palestras.

A. K. — **Ainda quando os Espíritos servissem apenas para nos ensinar que existem e que são as almas dos homens, já não seria isto muito importante para os que duvidam de sua existência e ignoram o que serão depois da morte?**

Como todas as ciências filosóficas, a espírita exige largos estudos e minuciosas observações. Assim é que se aprende a distinguir a verdade da impostura, e que se obtêm os meios de afastar os Espíritos mentirosos. Acima da massa pouco elevada, estão os Espíritos superiores, que não têm outro objetivo senão o bem, e cuja missão é conduzir os homens pelo bom caminho. A nós cabe saber apreciá-los e compreendê-los. Eles nos ensinam magníficas coisas. Mas não pense o senhor que o estudo dos outros seja inútil, de vez que para conhecer um pouco é preciso estudá-lo sob todos os seus aspectos.

O senhor mesmo é uma prova desta verdade. Pensava que aos Espíritos bastasse deixar o invólucro corpóreo para se despojarem de suas imperfeições; as comunicações com eles nos ensinaram o contrário e nos deram a conhecer o verdadeiro estado do mundo espiritual, que a todos nos interessa extremamente, pois que para lá todos iremos. Quanto aos erros que podem nascer da diversidade de opiniões entre os Espíritos, desaparecerão por si mesmos, à medida que aprendermos a distinguir os bons dos maus, os sábios dos ignorantes, os sinceros dos hipócritas, do mesmo modo que entre nós outros. Então o senso-comum fará justiça às falsas doutrinas.

V. — Minha observação subsiste relativamente às questões científicas e outras, que podem ser submetidas aos Espíritos. A divergência de suas opiniões sobre as teorias que separam os sábios nos deixa na incerteza. Compreendo que, porque não se encontram todos no mesmo grau de instrução, não podem tudo saber. Mas, então, que valor terá para nós a opinião dos que sabem, se não podemos pois distinguir os que sabem dos que não sabem? Assim, tanto vale dirigirmo-nos aos homens quanto aos Espíritos.

A. K. — Também esta reflexão é uma conseqüência do desconhecimento do verdadeiro caráter do Espiritismo. Grave erro comete aquele que pensa encontrar no Espiritismo meio fácil de saber tudo e tudo descobrir. Não estão os Espíritos encarregados de nos trazer a ciência perfeita. Efetivamente isto seria muito cômodo; bastaria pedir, para ser servido — e estaria evitado o trabalho de investigar. Deus quer que trabalhemos, que nossa mente se exercite. Só a tal preço adquiriremos a ciência. Os Espíritos não nos vêm libertar desta necessidade. *São o que são: o Espiritismo tem o objetivo de os estudar,* a fim de sabermos, por analogia, o que seremos um dia, e não o de fazer-nos conhecer aquilo que nos deve estar oculto e revelar-nos as coisas antes do tempo.

Também não são os Espíritos profetas de boa-sorte. Quem quer que alimente a ilusão de que eles lhes revelam certos segredos, arrisca-se a terríveis decepções causadas por Espíritos zombeteiros. Numa palavra, *o Espiritismo é uma ciência de observação e não uma ciência de adivinhação ou de especulação.* Estudamo-lo a fim de conhecer o estado das individualidades do mundo invisível, as relações existentes entre eles e nós, sua ação oculta sobre o mundo visível, e não pela utilidade material que dela possamos obter. Sob esse ponto de vista não há Espírito cujo estudo seja útil; com todos aprendemos alguma coisa; suas imperfeições, seus defeitos, sua insuficiência, sua mesma ignorância são outros tantos assuntos de observação, que nos iniciam na natureza íntima desse mundo. E quando não são eles que nos instruem com as suas lições, somos nós próprios que nos instruímos estudando-os, como acontece quando observamos os costumes de um povo que desconhecemos.

Relativamente aos Espíritos ilustrados, eles muito nos ensinam, mas dentro dos limites das coisas possíveis. Não lhes devemos perguntar coisas que não possam ou não devam revelar; devemos contentar-nos com o que nos dizem. Querer ir mais longe é expor-se aos mistificadores, aos Espíritos levianos, sempre dispostos a tudo responder. Ensina-nos a experiência a julgar o grau de confiança que lhes podemos conceder.

UTILIDADE PRÁTICA DAS MANIFESTAÇÕES

V. — Suponhamos este ponto evidente e que o Espiritismo tenha sido reconhecido como realidade. Qual poderia ser a sua utilidade prática? Até aqui temos vivido sem ele; parece que poderíamos sem ele continuar a viver tranqüilamente.

A. K. — O mesmo poderia dizer-se das estradas de ferro e do vapor, sem os quais se vivia muito bem.

Se por utilidade prática entende o senhor os meios de viver bem, de fazer fortuna, de conhecer o futuro, de descobrir minas de carvão ou tesouros ocultos, de receber heranças e se esquivar do trabalho das investigações, para nada serve o Espiritismo, que não pode alterar as cotações da Bolsa, nem oferecer inventos perfeitos, em ponto de serem explorados. Sob este ponto de vista, quantas ciências seriam úteis? Quantas que não ofereceriam nenhuma vantagem, do ponto de vista comercial! Os homens se achavam perfeitamente bem antes de se descobrirem todos os novos planetas; antes que se soubesse que é a Terra que gira e não o Sol; antes que os eclipses houvessem sido calculados; antes que se conhecesse o mundo microscópico e antes de mil outras coisas. Para fazer crescer o trigo o lavrador não precisa saber o que é um cometa. Por que, então, os sábios se entregam a essas investigações? e quem ousará dizer que estão perdendo tempo?

Tudo quanto serve para levantar uma ponta do véu contribui para o desenvolvimento da inteligência, alarga o círculo das idéias e nos faz penetrar nas leis da natureza. Em virtude de uma destas leis, existe o mundo dos Espíritos; o Espiritismo faz que a conheçamos; ensina-nos a influência que o mundo invisível exerce sobre o mundo visível e as relações entre ambos existentes, assim como a astronomia nos ensina as relações dos astros com a Terra; apresenta-se-nos esse mundo invisível como uma das forças que governam o mundo e contribuem para sustentar a harmonia universal. Suponhamos que a isto se limite a sua utilidade. Já não seria muito a revelação de semelhante poder, abstração feita de toda a doutrina moral? Nada será a revelação de todo um mundo novo, sobretudo se o seu conhecimento nos leva à solução de uma porção de problemas até aqui insolúveis? se nos inicia nos mistérios do além-túmulo, que de certo modo nos interessam, de vez que mais cedo ou mais tarde todos faremos a passagem fatal? Entretanto outra utilidade mais positiva tem o Espiritismo, qual seja a influência que exerce, pela força mesma das coisas. Ele é a prova patente da existência da alma, de sua individualidade depois da morte, de sua imortalidade e de sua sorte verdadeira. É, pois, a destruição do materialismo, não por meio de um raciocínio, mas por meio dos fatos.

Ao Espiritismo não se deve pedir mais do que ele pode dar, nem buscar nele outro fim senão o providencial. Antes dos reais progressos da Astronomia, acreditava-se na Astrologia. Seria razoável dizer-se que para nada serve a Astronomia, porque não se descobre a influência dos astros no prognóstico do nosso destino? Do mesmo modo que a Astronomia destroçou os astrólogos, o Espiritismo destroçará os adivinhos, os feiticeiros e os ledores da buena-dicha. Ele é para a magia aquilo que a Astronomia é para a Astrologia e a Química para a Alquimia.

LOUCURA, SUICÍDIO, OBSESSÃO

V. — Certas pessoas consideram as idéias espíritas como capazes de perturbar as faculdades mentais e, por isso, acham prudente deter-lhes o curso.

A. K. — O senhor deve conhecer o provérbio: "Quando se quer matar o cão, diz-se que está hidrófobo." Então não é para admirar que os inimigos do Espiritismo busquem apoio em todos os pretextos. Este que o senhor refere veio a propósito para despertar temores e susceptibilidades e a ele se agarraram com unhas e dentes. Mas se destrói ao mais ligeiro exame. Ouça, então, sobre essa loucura, o raciocínio de um louco.

Todas as grandes preocupações do espírito podem ocasionar a loucura. As ciências, as artes, a própria religião oferecem o seu contingente. A loucura tem por princípio um estado patológico do cérebro, instrumento do pensamento; desorganizado o cérebro, altera-se o raciocínio. A loucura é, pois, um efeito consecutivo, cuja causa primeira é uma predisposição orgânica, que torna o cérebro mais ou menos acessível a certas impressões; e isto é tão certo que o senhor verá pessoas que pensam muitíssimo e não ficam loucas e outras que perdem o juízo sob a influência da mais insignificante superexcitação. Dada a predisposição para a loucura, esta tomará o caráter da preocupação principal, que, então, será convertida em idéia fixa. Esta poderá ser a dos Espíritos, nos que com isto se ocuparam, como poderá ser a de Deus, dos anjos, do diabo, da fortuna, do poder, de uma arte, de uma ciência, da maternidade, de um sistema político ou social. É provável que o louco religioso tivesse sido espírita, se o Espiritismo tivesse sido sua preocupação dominante. O certo é que um jornal disse que numa localidade da América, cujo nome não nos lembramos, encontravam-se quatro mil casos de loucura espírita. Mas já sabemos que em nossos adversários há uma *idéia fixa* — a de se julgarem só eles dotados de juízo. Isto não deixa de ser uma mania, como outra qualquer. Para eles todos nós somos dignos de um manicômio e, assim, os quatro mil espíritas da localidade em questão devem ser outros tantos loucos. Sob tal ponto de vista contam os Estados Unidos centenas de milhares e maior número ainda todos os outros países do mundo. Este malévolo argumento começa a sair da moda, desde que a suposta loucura abre caminho nas mais elevadas esferas da sociedade. Muito barulho é feito com um exemplo conhecido — o de Victor Hennequin; mas esquecem que antes de se ocupar com os Espíritos já havia dado provas de excentricidade. Se não tivessem aparecido as mesas girantes, as quais, segundo um trocadilho dos nossos adversários, o deixaram "gira", sua loucura teria tomado outro caráter.

Digo, pois, que o Espiritismo não goza de nenhum privilégio neste ponto, e ainda mais, bem compreendido, é um preservativo contra a loucura e o suicídio.

Entre as mais numerosas causas de superexcitação cerebral devem contar-se as decepções, as desgraças, os amores contrariados, que são, também, as mais freqüentes causas de suicídio. Pois bem: o verdadeiro espírita vê as coisas deste mundo de um ponto de vista tão elevado que as tribulações para ele não passam de acidentes desagradáveis. Aquilo que em outros produzirá uma emoção violenta, apenas o afeta medianamente. Por outro lado, sabe que os pezares da vida são provas que contribuem para o seu adiantamento, desde que as suporte sem murmuração. Porque será recompensado conforme a coragem com que as haja suportado. Estas convicções, pois, lhe dão uma resignação que o preserva contra o desespero e, conseguintemente, de uma causa incessante de loucura e de suicídio. Ademais, sabe, pelo espetáculo das comunicações dos Espíritos, a sorte deplorável dos que voluntariamente abreviam os seus dias; e este quadro é bastante expressivo para o conduzir à reflexão, o que torna considerável o número dos que, graças a isso, foram sustentados às bordas desse abismo funesto. Este é um dos resultados do Espiritismo.

No número das causas da loucura também deve colocar-se o medo. E o medo do diabo já desorganizou muitos cérebros. Acaso é conhecido o número das vítimas produzidas pela impressão deixada em mentes débeis, por esses quadros horrorosos, cheios de detalhes grotescos? Dizem que o diabo já não mete medo senão às criancinhas; que é um freio para torná-las boas. Sim, do mesmo modo que a bruxa e o bicho-papão; mas quando lhe perdem o medo são piores que antes. Por esse magnífico resultado esquecem o número de epilépticos, devidos a essas impressões sobre cérebros delicados.

A *loucura patológica* não deve ser confundida com a *obsessão*. Esta não procede de nenhuma lesão cerebral, mas da subjugação exercida pelos Espíritos maléficos sobre certos indivíduos e, às vezes, têm as aparências da loucura propriamente dita. Esta afecção, que é muito freqüente, independe da crença no Espiritismo e existiu em todos os tempos. Neste caso a medicação ordinária é inócua e, até, nociva. Dando a conhecer esta nova causa da perturbação na economia, o Espiritismo dá, ao mesmo tempo, os meios de curá-la, agindo não no enfermo, mas no Espírito obsessor. Ele é o remédio e não a causa da enfermidade.

ESQUECIMENTO DO PASSADO

V. — Não compreendo como possa o homem aproveitar a experiência adquirida em passadas existências, uma vez que não guarda a lembrança das mesmas. Porque, desde que não se lembra, cada existência será como se fosse a primeira, o que equivale a começar sempre. Suponhamos que ao despertar, todos os dias, perdêssemos a memória do que havíamos feito na véspera. É fora de dúvida que aos sessenta anos, não estaríamos mais adiantados do que aos dez. Ao passo que, recordando as nossas faltas, as nossas fraquezas e os castigos recebidos, procuraríamos não nos tornarmos reincidentes. Servindo-me da sua comparação do homem na Terra com o aluno num colégio, não compreenderia que este pudesse aproveitar as lições do quinto ano, se se não recordasse das que tinha aprendido no quarto ano. Estas soluções de continuidade na vida do Espírito interrompem todas as relações, transformando-o, até certo ponto, num ser novo. Daí pode concluir-se que nossos pensamentos morrem em cada existência e que renascemos sem consciência daquilo que fomos. Isto é uma espécie de aniquilamento.

A. K. — De pergunta em pergunta o senhor me levará a um curso completo do Espiritismo. Todas as objeções que o senhor faz são naturais em quem nada saiba do assunto. Num estudo profundo encontraria para cada uma, uma solução muito mais completa do que a que possa dar numa exposição sumária e que, por isso mesmo, deve provocar novas perguntas. No Espiritismo tudo se encadeia; e, quando se estuda em conjunto, vê-se que os princípios decorrem uns dos outros, apoiando-se mutuamente e que, então, naquilo que se nos afigurava uma anomalia contrária à justiça divina, aparece absolutamente natural e vem em confirmação dessa sabedoria e dessa justiça.

Tal é o problema do esquecimento do passado, que se relaciona com questões de igual importância. Por isso não poderei fazer mais que um esboço.

Se em cada nova existência é corrido um véu sobre o passado, nada perde o Espírito do que tenha adquirido: apenas esquece a maneira por que o adquiriu. Servindo-me da comparação do aluno, pouco lhe importa recordar onde, como e com que professores cursou o quarto ano, se, ao entrar no quinto, souber o que se aprende no quarto. Que lhe importa lembrar que foi castigado por sua preguiça ou por sua insubordinação, se tais castigos o tornaram dócil e estudioso? Deste modo o homem, ao reencarnar, traz instintivamente, e como idéias inatas, o que adquiriu em conhecimento e em moralidade. Digo em moralidade porque se durante uma existência se melhorou, se aproveitou as lições da experiência, ao reencarnar será instintivamente melhor; robustecido na escola do sofrimento e do trabalho, seu Espírito terá mais solidez; longe de ter que começar, possui um fundo abundante, no qual se apoia para adquirir cada vez mais.

A segunda parte de sua objeção, relativamente ao aniquilamento do pensamento, não é menos infundada. Porque semelhante esquecimento se verifica durante a vida corpórea. Deixando-a, o Espírito recobra a lembrança do passado: pode, então, analisar o caminho percorrido e o que ainda lhe falta percorrer. De modo que não há solução de continuidade na vida espiritual, que é a vida normal do Espírito.

O esquecimento temporário é um benefício da Providência, já que a experiência é adquirida, freqüentemente, através de rudes provas e terríveis expiações, cuja recordação seria muito dolorosa e viria juntar-se às tribulações da vida presente. Se longos nos parecem os sofrimentos da vida, como não o pareceriam se sua duração fosse aumentada pela recordação dos sofrimentos do passado? O senhor, por exemplo, é hoje um homem de bem, mas talvez o deva a rudes castigos sofridos por faltas que hoje repugnam à sua consciência. Gostaria de recordar-se de alguma vez ter sido enforcado? Não se sentiria continuamente perseguido pela vergonha, pensando que o mundo conhece o mal que o senhor praticou? Que lhe importa aquilo que tenha podido fazer e o que tenha sofrido como expiação, se atualmente é um homem respeitável? Aos olhos do mundo o senhor é um homem novo; aos olhos de Deus, é um Espírito reabilitado. Livre da lembrança do passado importuno, age com mais liberdade; a vida atual é um nôvo ponto de partida; as dívidas anteriores estão sendo pagas; toca-lhe agora não contrair novas.

Quantos homens gostariam de, durante a vida, correr um véu sobre os seus primeiros anos! Quantos, ao chegarem ao fim da vida, não diriam: "Se voltasse a recomeçar não faria o que fiz!" Pois bem, aquilo que não pode ser desfeito nesta vida, sê-lo-á em outra; numa nova existência o Espírito trará, sob a forma de intuição, as boas resoluções tomadas. Assim se realiza, gradativamente, o progresso da humanidade.

Suponhamos ainda, o que é muito comum, que entre suas relações, na sua mesma família, se encontre uma pessoa de quem tivesse tido queixas, que talvez o tivesse arruinado ou desonrado em outra existência e que, arrependida, tivesse vindo reencarnar junto ao senhor, unir-se pelos laços da família, a fim de reparar os agravos por meio de seu interesse e de seu afeto. Não iriam encontrar-se reciprocamente em posição desagradável, se ambos recordassem as passadas inimizades? Em vez de os apaziguar, eternizariam os ódios.

Deduzo, então, de tudo isto, que a recordação do passado perturbaria as relações sociais e seria um entrave ao progresso. Quer uma prova da atualidade? Se um homem condenado à prisão tomasse a firme resolução de ser honrado, que lhe aconteceria ao deixar o presídio? Seria repelido pela sociedade e tal repulsa quase sempre impele para o vício e para o crime. Se, ao contrário, imaginarmos que todo o mundo ignora os seus antecedentes, será bem recebido e, se ele mesmo pudesse esquecer não seria menos honrado e poderia andar com a fronte erguida, em vez de baixá-la, abatido pela vergonhosa lembrança.

Isto concorda perfeitamente com a doutrina dos Espíritos, relativamente aos mundos superiores ao nosso. Neles, onde só reina o bem, a recordação do passado nada tem de penosa e, por isso, seus habitantes se lembram da existência anterior assim como nós nos lembramos do que fizemos na véspera. Relativamente àquilo que teria sido feito em mundos inferiores, a lembrança é como um sonho antigo.

ELEMENTOS DE CONVICÇÃO

V. — Senhor, concordo que, do ponto de vista filosófico, a doutrina espírita é perfeitamente racional. Entretanto sempre resta a questão das manifestações, que só os fatos podem resolver. E a realidade de semelhantes fatos é que muita gente nega. Por isso não se admite de que eu queira presenciá-los.

A. K. — Acho-o muito natural, como, porém, busco o proveito que disso pode advir, explico as condições em que convêm colocar-se a fim de melhor os observar e, sobretudo, compreendê-los. Aquele que a isso não quisesse submeter-se indicaria que não alimenta desejos de ilustrar-se e, então, inútil seria perder o tempo.

Também o senhor há de convir que seria estranho que uma filosofia racional tivesse saído de fatos ilusórios e falsos. Em boa lógica, a realidade do fato implica a realidade da causa. Se aquele é verdadeiro, esta não pode ser falsa. Não havendo árvores, não pode haver frutos.

É verdade que nem todo o mundo pôde evidenciar os fatos. Isto porque nem todos se puseram nas condições requeridas para os observar, nem tiveram a necessária paciência e a perseverança. Mas isto acontece em todas as ciências: o que não fazem uns, fazem-no outros, e diariamente se admitem os resultados de cálculos astronômicos dados por pessoas que os não fizeram.

Como quer que seja, se acha boa a filosofia, pode aceitá-la como qualquer outra, reservando-se sua opinião sobre os caminhos e os meios que a ela conduziram ou, ainda, admirando-a a título de hipótese, até que tenha mais ampla demonstração.

Os elementos de convicção não são os mesmos para todos. Aquilo que a uns convence, aos outros não causa a menor impressão. Então, se torna necessário um pouco de tudo. É, porém, um erro crer que as experiências físicas são o único meio de convicção. Vi pessoas a quem não convenceram os mais notáveis fenômenos e a quem bastou uma simples resposta por escrito. Quando vemos um fato que não compreendemos, tanto mais suspeito parece quanto mais extraordinário; e o pensamento lhe busca sempre uma causa vulgar. Se nos dermos conta dele, admiti-lo-emos muito mais facilmente, porque tem uma razão de ser. Então desaparecem o maravilhoso e o sobrenatural. É fora de dúvida que as explicações que lhe acabo de dar neste diálogo estão longe de ser completas; mas estou convencido de que, posto sejam sumárias, lhe darão o que pensar, e se as circunstâncias o levarem a assistir algumas manifestações, vê-las-á com menos prevenção, porque poderá raciocinar sobre uma base.

Há duas coisas no Espiritismo: a parte experimental das manifestações e a doutrina filosófica. Sou visitado diariamente por pessoas que nada viram, mas crêem tão firmemente quanto eu, unicamente pelo estudo feito da parte filosófica. Para estas pessoas o fenômeno das manifestações é acessório; o fundo, a doutrina, a ciência são considerados tão grandes e tão racionais, que nelas encontram tudo quanto é necessário para satisfazer as suas aspirações íntimas, abstração feita das manifestações; e daí concluem que, ainda supondo que elas não ocorressem, não deixa de ser a doutrina que melhor resolve uma infinidade de problemas tidos por insolúveis. Quantos não me disseram que esta idéia havia germinado em seu cérebro, posto que de modo vago! O Espiritismo veio formulá-las e lhes dar corpo e para aquelas criaturas foi um raio de luz. Isto explica o número de adeptos feitos com a simples leitura de O LIVRO DOS ESPÍRITOS. Crê o senhor que tal houvesse acontecido se nos tivéssemos agarrado às mesas girantes e falantes?

V. — O senhor tem razão ao dizer que das mesas falantes saiu uma doutrina filosófica. Eu estava longe de suspeitar as conseqüências que poderiam advir de um fato que olhava como simples objeto de curiosidade. Agora vejo como é vasto o campo aberto pelo seu sistema.

A. K. — Desculpe-me, mas o senhor me honra muito atribuindo-me esse sistema; ele não me pertence. Todo ele foi deduzido do ensino dos Espíritos. Vi, observei, coordenei e procuro fazer que os outros compreendam o que eu compreendo: eis toda a parte que me cabe. Entre o Espiritismo e os outros sistemas filosóficos existe esta diferença capital — os últimos são obra de homens mais ou menos esclarecidos, ao passo que neste, cuja autoria o senhor me atribui, não tenho o mérito de haver inventado nenhum princípio. Diz-se a filosofia de Platão, de Descartes, de Leibnitz; mas não se dirá: a doutrina de

Allan Kardec, o que é correto, porque que importância terá um homem numa questão de tal magnitude? O Espiritismo tem auxiliares muito mais importantes, ao lado dos quais somos simples átomos ([10]).

SOCIEDADE PARISIENSE DE ESTUDOS ESPÍRITAS

V. — Sei que o senhor dirige uma sociedade que se ocupa desses estudos ([11]). Ser-me-ia possível ingressar nela?

([10]) Sobre *Platão* veja-se a nossa tradução de O EVANGELHO SEGUNDO O ESPIRITISMO, de *Allan Kardec*, edição da Editora Pensamento Ltda.

Descartes, aliás *René Descartes,* nascido em La Haye em 1596 e morto em Estocolmo em 1650, foi um grande filósofo e matemático. Sua obra é notável pelo seu método, no qual os elementos essenciais são a *intuição* e a *dedução* e a sua base sobre a *evidência,* como critério da verdade. O desfecho de sua filosofia é, mais que qualquer outra — salvo a filosofia espírita — a *liberdade.*

Foi um reformador da geometria, com o seu sistema de coordenadas, ditas *cartesianas,* do seu nome em latim, língua em que escreveu muitas de suas obras — *Cartesius.* Suas obras principais: *Compendium Musicae* (1618); *Regulae ad directionem ingenii* (1628); *Traité du monde au de la lumière* (1633); *Discours de la méthode; Dioptrique; Météores; Géometrie* (todos publicados em 1637); *Meditationes* (1641); *Principia philosophiae* (1644); *Les passions de l'Âme* (1650) e uma vasta *Correspondência.*

Gottfried Wilhelm Leibnitz, filósofo alemão, nascido em Leipzig em 1646, morto em Hanover em 1716. Foi um gênio singular e onímodo; escreveu filosofia, política, matemáticas e direito; posto seja o criador do cálculo diferencial (ao mesmo tempo que *Sir Isaac Newton,* embora não se conhecessem e, portanto não tivessem notícia de seus trabalhos recíprocos), *Leibnitz* é grande sobretudo como filósofo.

Suas obras principais são: *De casibus perplexis in juro, Confessions de la nature contre les athées, Théorie du mouvement abstrait, Théorie du mouvement concret,* vários estudos sobre o dogma católico da transubstanciação, *Nova methodus pro maximis et minimis.* As melhores, porém, são as de filosofia: *Meditações sobre o conhecimento, a verdade e as idéias, Novos ensaios sobre o entendimento humano, Thédicée, Monadologie e Princípios da natureza e da graça.* Sustentava que o mal se deve às imperfeições das criaturas. N. do T.

([11]) Encontro sempre incorreto o nome da sociedade espírita fundada pelo Codificador, em abril de 1858; tal incorreção ocor-

A. K. — Certamente não, ao menos por enquanto. Posto que para nela ingressar não é necessário ser doutor em Espiritismo, ao menos é exigível que se tenham idéias mais seguras que as que o senhor tem. Como ela não quer perturbações nos seus estudos, não pode admitir pessoas que ocasionassem perda de tempo com questões elementares, como as que, não simpatizando com os seus princípios e as suas convicções, introduzissem a desordem com discussões intempestivas ou por espírito de contradição. Ela é uma sociedade científica que, como tantas outras, se dedica a aprofundar os diversos pontos da ciência espírita, procurando esclarecê-los; é o centro para onde convergem os ensinos de toda parte do mundo; onde se elaboram e se coordenam as questões referentes ao progresso da ciência. Mas não é uma escola ou um curso para o ensino elementar. Mais tarde, quando suas convicções estiverem formadas pelo estudo, veremos a possibilidade de o admitir. Nesse entretanto o senhor poderá, quando muito, assistir uma ou duas vezes, como ouvinte, com a condição de não fazer qualquer reflexão que possa ofender a alguém, pois do contrário eu sofreria o reproche de meus colegas, como seu apresentante e o senhor teria as suas portas fechadas para sempre ([12]).

Verá o senhor uma reunião de homens sérios e de trato fino, a sua maioria recomendáveis por seu saber e por sua posição social e que não permitiriam que as pessoas admitidas na sociedade se afastassem uma linha das melhores maneiras.

---

re, também, em outras línguas. Kardec chamou-a pelo nome que exprimia exatamente a sua finalidade e com o qual teve existência legal: SOCIEDADE DE ESTUDOS ESPÍRITAS. Ele tinha absoluta segurança do que queria e do que dizia: 1.º — porque assistida pela mais alta e mais nobre falange de Espíritos missionários; 2.º — porque tinha vastíssima cultura e domínio absoluto de sua língua. O que ele quis dizer e o disse foi que a sua era uma sociedade para *estudos*. Toda fuga a essa idéia diretora, representa, ao nosso modo de ver, um propósito, ou idéia preconcebida, que desabona os tradutores. Custará tanto assim aos espíritas um desmentido ao velho provérbio italiano *"traduttore, traditore"*? Custará muito seguir o preceito evangélico: *"A tua palavra é a verdade"*? N. do T.

([12]) Que diferença entre o critério do Codificador e o dos dirigentes nacionais que o têm por patrono de suas sociedades! N. do T.

Porque não pense o senhor que ela convide o público e chame às suas sessões os primeiros curiosos que passarem. Desde que não faz demonstrações para satisfazer curiosidades, tem o máximo cuidado em fugir dos curiosos. Assim, pois, os que pensassem aí encontrar uma distração, ou um espetáculo, cometeriam um equívoco e fariam muito bem em não mais ali apresentar-se. Por isso não são admitidas, nem mesmo como simples ouvintes, pessoas que não conheçam ou cujas disposições hostis são notórias.

INTERDIÇÃO DO ESPIRITISMO

V. — Tenha a bondade de me permitir uma última pergunta. O Espiritismo tem poderosos inimigos. Poderiam estes proibir seu exercício bem como o funcionamento das sociedades espíritas, deste modo detendo a sua propagação?

A. K. — Este seria um meio de mais rapidamente perder a partida, porque a violência é o argumento dos que não têm razões a opor. Se o Espiritismo é uma quimera, cairá por si mesmo, sem ser necessário que alguém se dê ao trabalho de o destruir. Se o perseguem é porque o temem e só o que é sério infunde temor. Se é uma realidade está na natureza, conforme tenho dito, e não é com uma penada que se revogam as leis da natureza.

Se as manifestações espíritas fossem o privilégio de um só homem, não há dúvida que, desfazendo-se dele, poriam fim às manifestações. Infelizmente para os adversários não são mistério para ninguém; nelas nada existe de secreto, nada de oculto: tudo se passa à luz do dia; estão ao alcance de todos e tanto se verificam nos palácios quanto nas choupanas. Podem proibir o seu exercício público; mas já sabemos que não é precisamente em público onde se produzem os melhores fenômenos, mas na intimidade. E como cada um pode ser médium, quem impediria que, no interior de sua casa, uma família tivesse comunicações, ou do mesmo modo um indivíduo no silêncio de seu gabinete ou o prisioneiro no seu cárcere, apesar dos esbirros e às suas barbas?

Nada obstante, admitamos que um governo fosse bastante forte para o impedir em seu país. Poderia impedi-lo nos países vizinhos, no mundo inteiro, uma vez que não há um único país, em ambos os continentes, onde não se encontrem médiuns?

Por outro lado, o Espiritismo não tem o seu germe nos homens: é obra dos Espíritos, que não podem ser queimados nem encarcerados. Consiste numa crença individual e não nas sociedades, que de modo algum são necessárias. Se chegassem a destruir todos os livros espíritas — dos quais existem alguns milhares — os Espíritos os ditariam novamente.

TERCEIRO DIÁLOGO

O SACERDOTE

S. — O senhor permite que, por minha vez, lhe faça algumas perguntas?

A. K. — Com muito gosto. Mas antes de as responder considero necessário manifestar-lhe em que terreno espero colocar-me a fim de lhe dar as respostas. Devo dizer-lhe que de modo algum pretendo convertê-lo às nossas idéias. Se deseja conhecê-las pormenorizadamente, encontrá-las-á em livros, onde são expostas. Aí poderá estudar atentamente e estará livre para as repelir ou as aceitar.

O objetivo do Espiritismo é combater a incredulidade e suas funestas conseqüências, por meio de provas patentes da existência da alma e da vida futura. Dirige-se, portanto, aos que em nada crêem ou *que duvidam* e estes — bem o sabe o senhor — são muito numerosos. Aqueles que têm uma fé religiosa e aos quais essa fé lhes basta, dele não necessitam. Àquele que diz: "Eu creio na autoridade da Igreja e me atenho ao que ela ensina, sem mais nada buscar", responde o Espiritismo que a ninguém se impõe e que não veio forçar convicções.

A liberdade de consciência é uma conseqüência da liberdade de pensar; e isto é um dos atributos do homem. Ficaria o Espiritismo em contradição com os seus próprios princípios de caridade e de tolerância, se não os respeitasse. Aos seus olhos e desde que seja sincera e não induza a prejudicar o próximo, toda crença é respeitável — mesmo que seja errada. Se alguém se obstina em crer, por exemplo, que é o Sol que gira em redor da Terra, nós lhe diremos: "Creia-o, se assim lhe apraz; porque isso não impedirá que a Terra gire. Mas do mesmo modo que não procuramos violentar a sua consciência, não procure violentar a consciência alheia. Se o senhor converte uma crença inocente em si mesma em instrumento de perseguição, ela se torna nociva e pode ser combatida."

Tal é, senhor padre, a linha de conduta que hei observado com os ministros de diversos cultos, que me têm procurado. Quando me interrogaram sobre pontos de doutrina, dei--lhes as explicações necessárias, abstendo-me, todavia, de discutir certos dogmas, dos quais não se deve ocupar o Espiritismo, já que cada um é livre de os apreciar. Contudo, jamais fui à procura deles, com o intuito de destruir a sua fé por meio da coação. Aquele que vem a nós como irmão, como irmão é recebido; aquele que nos repele, deixamo-lo em paz. É éste um conselho que não cesso de dar aos espíritas, pois jamais elogiei, aos que se atribuem a missão de converter o clero. Sempre lhes disse: Semeai no campo dos incrédulos, onde há uma abundante messe a recolher.

O Espiritismo não se impõe. Como já disse, ele respeita a liberdade de consciência. Por outro lado sabe que toda crença imposta é superficial e tem apenas a aparência de fé, mas não a fé sincera. Expõe os seus princípios à vista de todos, de modo que cadà um possa formar sua opinião com conhecimento de causa. Aqueles que os aceitam, leigos ou sacerdotes, fazer-no livremente e porque os consideram racionais. Mas de modo algum abrigamos má vontade para com aqueles que não são de nossa opinião. Se luta há entre a Igreja e o Espiritismo, estamos convictos de que não a provocamos.

S. — Se, ao ver surgir uma nova doutrina, nesta encontra a Igreja princípios que, no seu modo de ver, deve condenar, nega-lhe o senhor o direito de os discutir e os combater, prevenindo os fiéis contra aquilo que considera errado?

A. K. — De modo algum negamos um direito que para nós reclamamos. Se a Igreja se tivesse contido nos limites da discussão, nada melhor poderíamos pedir. Leia, porém, a maior parte dos escritos emanados de seus membros ou publicados em nome da religião, bem como os sermões que têm sido pregados, e verá o senhor a injúria e a calúnia ressumando em toda parte e os princípios da doutrina indigna e maliciosamente desfigurados. Do alto dos púlpitos não foram os espíritas qualificados como inimigos da sociedade e da ordem pública? Não têm sido anatematizados e expulsos da Igreja aqueles que o Espiritismo atraiu à fé, e isto tomando como justificativa que mais vale ser incrédulo do que acreditar em Deus e na alma por meio do Espiritismo? Para eles não têm sido pedidas as fogueiras da Inquisição? Em certas localidades não têm sido os Espíritos apontados a animadversão de seus concidadãos, a ponto de serem perseguidos e injuriados nas ruas? Não foram conjurados todos os fiéis a que fugissem deles, como de leprosos? Não induziram os criados a que não entrassem em seu serviço? Não aconselharam as esposas a que se separassem de seus maridos e aos maridos a que se separassem das esposas por causa do Espiritismo? Não fizeram com que os empregados perdessem o emprego e os operários o pão do trabalho, bem como o pão da caridade dos infelizes que eram espíritas? Até mesmo os cegos foram enxotados dos hospitais, porque não quiseram abjurar a sua crença? Diga-me, então, reverendo: isto é uma discussão leal? acaso os espíritas devolveram injúria por injúria e mal por mal? Não. A tudo opuseram a calma e a moderação. Assim, pois, a consciência já lhes fez justiça de dizer que não foram eles os agressores.

S. — Todo homem sensato deplora esses excessos. Mas a Igreja não pode ser responsável pelos abusos cometidos por alguns de seus membros pouco ilustrados.

A. K. — Concordo. Mas porventura príncipes da Igreja serão membros pouco ilustrados? Veja o senhor a pastoral do Bispo de Argel e de alguns outros. E não foi um bispo quem decretou o auto de fé de Barcelona? A superior autoridade eclesiástica não tem poder onímodo sobre os seus subordinados? Se, pois, tolera sermões indignos do púlpito evangélico, se favorece a publicação de escritos injuriosos e difamatórios para uma classe de cidadãos, se não se opõe às perseguições feitas em nome da religião, é porque aprova tudo isso.

Em resumo, expulsando sistematicamente os espíritas que a ela voltavam, a Igreja os obrigou a voltar-se sobre si mesmos; e, pela natureza e pela violência de seus ataques, ensanchou a discussão, levando-a para outro terreno. O Espiritismo não era mais que simples doutrina filosófica. Foi a Igreja quem o engrandeceu, apresentando-o como um inimigo terrível; foi ela quem o proclamou uma nova religião. Isto foi uma falta de habilidade; mas a paixão não raciocina.

Um livre pensador — Há pouco o senhor proclamou a liberdade de pensamento e de consciência; e declarou que toda crença sincera é respeitável. O materialismo é uma crença como outra qualquer. Por que não há de gozar a liberdade que o senhor concede às outras?

A. K. — Certamente cada um é livre de crer naquilo que lhe pareça, ou de não crer em nada; e não aprovamos perseguição contra aquele que acredita no nada após a morte, do mesmo modo por que não legitimamos as perseguições dirigidas contra os cismáticos de nenhuma outra religião. Combatendo o materialismo, não atacamos os indivíduos, mas a doutrina que, se inofensiva para a sociedade, quando encerrada no foro íntimo da consciência das pessoas ilustradas, será uma chaga social se se generalizar. A crença de que tudo acaba para o homem depois da morte, que toda solidariedade cessa com a vida, o conduz a considerar o sacrifício do bem-estar presente em benefício de outrem como uma tolice. Daí a máxima: *"Cada um para si durante esta vida, porque nada existe depois dela."* A caridade, a fraternidade e a moral, numa palavra, não têm qualquer base, não têm razão de ser. Para que molestar-se, reprimir-se e privar-se hoje, quando amanhã talvez já não existamos? A negação do futuro, a simples dúvida sobre a vida futura são os maiores estímulos do egoísmo e a fonte da maior parte dos males da humanidade. É necessário um grande valor para nos determos à borda do abismo do vício e do crime, sem outro freio além da força de vontade. O respeito humano pode deter o homem mundano; não, porém, aquele para quem é nulo o respeito à opinião pública.

Demonstrando a perpetuidade das relações entre os homens, estabelece a crença na vida futura uma solidariedade que não se acaba no túmulo e que, assim, muda o curso das idéias. Se essa crença não passasse de um desejo vão, só numa época teria existido. Como, porém, sua realidade é um fato demonstrado pela experiência, é um dever propagá-la e combater a crença contrária, no interesse da ordem social. Eis o que faz o Espiritismo e o faz com sucesso porque dá provas e porque, em definitivo, o homem prefere a certeza de viver feliz num mundo melhor, em compensação das misérias terrenas, do que admitir que morra para sempre. O pensamento de ver-se aniquilado para todo o sempre, de crer que os filhos e os outros seres amados estão irremediavelmente perdidos agrada a um bem reduzido número de criaturas, creia-me o senhor. Por isso, é que tão pouco êxito alcançam os ataques dirigidos contra o Espiritismo em nome da incredulidade: não lhe produziram o melhor abalo.

S. — A religião ensina tudo isto; e, até agora, ela foi suficiente. Porventura tem-se necessidade de uma nova doutrina?

A. K. — Se a religião é suficiente, porque existem tantos incrédulos falando do ponto de vista religioso? É certo que a religião no-la ensina, manda que acreditemos nisso. Mas há tantas pessoas que só acreditam se lhes dermos provas do que dissemos! O Espiritismo prova e faz ver aquilo que apenas teoricamente ensina a religião. E de onde procedem essas provas? Das manifestações dos Espíritos. É provável, então, que só se manifestem com a permissão de Deus; e se Deus, em sua misericórdia, envia tal recurso aos homens, a fim de os arrancar da incredulidade, é uma impiedade impugná-lo.

S. — Não obstante o senhor não negará que o Espiritismo não está conforme a religião em todos os pontos.

A. K. — Por Deus, reverendo! Todas as religiões podem dizer o mesmo: tanto os protestantes, os judeus e os muçulmanos quanto os católicos.

Se o Espiritismo negasse a existência de Deus e da alma; a sua individualidade e a sua imortalidade; as penas e recompensas futuras, assim como o livre-arbítrio do homem; se ensinasse que cada um na Terra vive para si e que só em si próprio deve pensar, não somente seria contrário à religião católica, mas de todas as religiões do mundo; seria a negação de todas as leis morais, base das sociedades humanas. Longe disto, os Espíritos proclamam um Deus único, soberanamente justo e bom; dizem que o homem é livre e responsável por seus atos; premiado ou castigado conforme o bem ou o mal que haja feito; acima de todas as virtudes põem a caridade evangélica e esta sublime regra ensinada pelo Cristo: Fazer aos outros como quereríamos que os outros nos fizessem. Não são estes os fundamentos da religião? Eles fazem ainda mais: iniciam-nos nos mistérios da vida futura, que para nós deixa de ser uma abstração — torna-se uma realidade. Porque as mesmas criaturas que conhecêramos são as que nos vêm pintar a sua situação ou nos dizer como e porque sofrem, como e porque são felizes. Que há de anti-religioso em tudo isso? Esta certeza de, no futuro, encontrar os entes amados não é consoladora? A grandiosidade da vida espiritual, que é a sua essência, comparada com as mesquinhas preocupações da vida terrena não é propícia a elevar a nossa alma e a estimulá-la para o bem?

S. — Concordo em que, no que respeita às questões gerais, o Espiritismo está conforme as grandes verdades do Cristianismo. Entretanto, dá-se o mesmo no que se refere aos dogmas? Porventura não contradiz certos princípios ensinados pela Igreja?

A. K. — O Espiritismo é, antes de tudo, uma ciência e não se ocupa de questões dogmáticas. Esta, como todas as ciências filosóficas, tem conseqüências morais. São boas ou más? Podem julgar-se pelos princípios gerais que acabo de indicar. Algumas pessoas se equivocaram a respeito do verdadeiro caráter do Espiritismo. É uma questão bastante grave e merece um certo desenvolvimento.

Antes de mais nada façamos uma comparação. A eletricidade está na natureza; portanto existiu em todos os tempos, produzindo efeitos que conhecemos, e outros, que ainda ignoramos. Desconhecendo a sua verdadeira causa, os homens explicaram os seus efeitos de maneira mais ou menos extravagante. A descoberta da eletricidade e de suas propriedades veio destruir uma porção de teorias absurdas, e fez luz sobre mais um mistério da natureza. Aquilo que a eletricidade e, em geral, as ciências fizeram com certos fenômenos, faz o Espiritismo com fenômenos de outra ordem.

Está o Espiritismo baseado na existência de um mundo invisível, formado de seres incorpóreos, que povoam os espaços e que não são mais que as almas dos que viveram na Terra e em outros mundos, nos quais deixaram o seu envoltório material. São estes os seres que designamos com o nome de Espíritos. Eles nos rodeiam incessantemente e exercem sobre os homens, mau grado seu, uma grande influência; desempenham um papel muito ativo no mundo moral e, até certo ponto, no mundo físico. O Espiritismo está, pois, na natureza e pode

93

dizer-se que, em certa ordem de idéias, é uma força, como o é a eletricidade, como o é a gravitação, sob outro ponto de vista. Os fenômenos cuja origem está no mundo invisível ter-se-iam produzido — e com efeito se produziram — em todos os tempos. Eis porque a história de todos os povos os menciona. Apenas em sua ignorância, como no caso da eletricidade, os homens atribuíram tais fenômenos a causas mais ou menos racionais, dando assim, sobre este assunto, livre curso à sua imaginação.

Melhor observado depois que se vulgarizou, o Espiritismo esclarece uma porção de questões até agora insolúveis ou mal compreendidas. Seu verdadeiro caráter é, pois, o de uma ciência e não de uma religião. E a prova está em que conta entre os seus adeptos homens de todas as crenças, sem que, por isto, hajam renunciado às suas convicções: católicos fervorosos, que não deixam de praticar todos os seus deveres de seu culto, desde que não são rechaçados pela Igreja; protestantes de todas as seitas, israelitas, muçulmanos e, até, budistas e bramanistas. Está, pois, baseado em princípios independentes de toda questão dogmática. Suas conseqüências morais estão implicitamente no Cristianismo, porque, de todas as doutrinas, é o Cristianismo a mais clara e a mais pura; por isto, de todas as seitas religiosas do mundo, são os cristãos os mais aptos a compreendê-lo em toda a sua verdadeira essência. É possível censurá-lo por isto? Sem dúvida cada um pode de suas opiniões fazer uma religião e interpretar a seu gosto as religiões conhecidas. Mas daí a constituir uma nova Igreja vai uma grande distância.

S. — Sem embargo, o senhor não faz as evocações segundo uma fórmula religiosa?

A. K. — É bem certo que somos animados de um sentimento religioso nas evocações e em nossas reuniões; mas não existe uma fórmula sacramental. Para os Espíritos o pensamento é tudo, e a forma, nada. Nós os chamamos em nome de Deus, porque cremos em Deus, e sabemos que no mundo nada se realiza sem a sua permissão e, ainda, porque se Deus não o permitisse, eles não viriam. Em nossos trabalhos procedemos com calma e recolhimento, pois são condições necessárias às observações; em segundo lugar porque conhecemos o respeito que se deve aos que já não vivem na Terra, seja qual for a sua condição de felicidade ou de desventura no mundo dos Espíritos. Fazemos um chamado aos bons Espíritos, porque sabendo que os há bons e maus, procuramos que estes últimos não venham misturar-se fraudulentamente nas comunicações que recebemos. Que prova tudo isto? que não somos ateus; mas de nenhum modo implica que sejamos religiosos.

S. — Pois bem: que é que dizem os Espíritos superiores no tocante à religião? Os bons devem aconselhar-nos e guiar-nos. Suponhamos que eu não tenha nenhuma religião e deseje escolher uma. Se lhes perguntar: Aconselhais-me que seja católico, protestante, quacker, judeu, maometano ou mormon? Que é que responderiam?

A. K. — Em todas as religiões há que considerar dois pontos: os princípios gerais, comuns a todas, e os princípios peculiares a cada uma. Os primeiros são os que acabamos de mencionar. Estes são proclamados por todos os Espíritos, seja qual for a sua hierarquia. Quanto aos outros, os Espíritos *vulgares,* sem ser maus, podem ter as suas preferências, as suas opiniões; podem preconizar esta ou aquela forma. Podem, portanto, induzir a certas práticas, seja por convicção pessoal, seja porque conservam idéias da vida terrena, seja, ainda, por prudência, a fim de não chocar as consciências timoratas. Crê o reverendo que um Espírito ilustrado, como por exemplo, Fénelon ([13]), dirigindo-se a um muçulmano teria o pouco tacto de lhe dizer que Maomé era um impostor e que se se não fizer cristão será condenado? Ele o evitará com muito cuidado, porque do contrário não será ouvido.

Em geral os Espíritos superiores, quando não solicitados por nenhuma consideração especial, não se ocupam com pormenores; limitam-se a dizer: "Deus é bom e justo; portanto a melhor de todas as religiões é a que apenas ensina aquilo que é conforme a bondade e a justiça de Deus, a que dá de Deus uma idéia mais grandiosa e mais sublime, em vez de o rebai-

---

([13]) *François de Salignac de La Mothe-Fénelon* (1651-1715) ilustre prelado francês; foi superior da Consagração das Novas Conversações, bispo de Genebra. Escreveu notáveis obras sacras, literárias e políticas. Como Espírito foi um destacado colaborador na plêiade que trouxe a Kardec os elementos para a Codificação do Espiritismo. N. do T.

xar, atribuindo-lhe pequenezes e paixões peculiares à humanidade; a que torna os homens bons e virtuosos, e lhes ensina a se amarem como irmãos; a que condena todo o mal feito ao próximo; a que sob nenhuma forma ou pretexto autoriza a injustiça; a que nada prescreve contrário às leis imutáveis da natureza, porque Deus não pode contradizer-se; aquela cujos ministros dão o melhor exemplo de bondade, caridade e moralidade; a que mais tende a combater o egoísmo e que menos contemporiza com o orgulho e a vaidade dos homens; aquela, enfim, em cujo nome menos mal se comete, porque uma boa religião não pode ser pretexto para nenhum mal: não deve deixar nenhuma porta aberta, nem diretamente, nem por interpretação. Vede, julgai e escolhei."

S. — Suponhamos que certos pontos da doutrina católica sejam negados pelos Espíritos que o senhor considera superiores; admitamos que esses pontos estejam errados; que alguém com ou sem razão, os aceite como artigos de fé e aja em conseqüência desses mesmos pontos. Segundo aqueles Espíritos a sua salvação estará por isso comprometida?

A. K. — Por certo que não, uma vez que aqueles pontos não o impeçam de fazer o bem, antes a ele o impilam; ao passo que a crença mais fundada o prejudicará, desde que lhe seja dada oportunidade para fazer o mal, de não ser caridoso para com o próximo, se o torna duro e egoísta, porque, então, não age segundo a lei de Deus; e Deus considera mais a intenção do que os atos. Quem se atreveria a sustentar o contrário?

Por exemplo, o senhor acredita que seria proveitosa a fé de um homem que acreditasse firmemente em Deus, mas que em seu nome cometesse atos desumanos e contrários à caridade? Acaso não é muito mais culpado, por isso que dispõe de mais meios para se tornar esclarecido?

S. — Então o católico fervoroso, que cumpre escrupulosamente os deveres de seu culto, não é censurado pelos Espíritos?

A. K. — Não, desde que isto lhe é uma questão de consciência e se o faz com sinceridade, porém mil vezes, se é hipócrita e se sua piedade é apenas aparente.

Os Espíritos superiores, que têm por missão o progresso da humanidade, levantam-se contra todos os abusos que pos-

sam retardar esse progresso, seja qual for a modalidade dos abusos e sejam quais forem os indivíduos e as classes sociais que dos mesmos se aproveitam. E o senhor não poderá negar que nem sempre a religião esteve isenta de tal acusação. Se entre seus ministros há os que cumprem sua missão com abnegação cristã, tornando-a grande, bela e respeitável, não poderá o senhor deixar de concordar que nem todos compreenderam a santidade de seu ministério. Os Espíritos combatem o mal onde quer que este se encontre; assinalar os abusos da religião será o mesmo que a atacar? Não, porque tem ela maiores inimigos nos que difundem tais abusos. Porque são estes mesmos abusos que fazem nascer a idéia de que a religião pode ser substituída por algo melhor. Se a religião corresse algum perigo, seria preciso atribuí-lo aos que dela dão uma idéia falsa e a transformam em arma das paixões humanas e a exploram em proveito de suas ambições.

S. — O senhor diz que o Espiritismo não discute os dogmas e, não obstante, admite certos pontos combatidos pela Igreja, como, por exemplo, a reencarnação, a presença do homem na Terra antes de Adão, e nega a eternidade das penas, a existência dos demônios, o purgatório e o fogo do inferno.

A. K — Estes pontos são discutidos há muito tempo; não foi o Espiritismo quem os pôs na berlinda; representam opiniões, das quais algumas controvertidas pela própria teologia e que o futuro julgará. Todas elas são dominadas pelo princípio da prática do bem, que é a superior condição *sine qua non* do nosso porvir, como bem o prova o estado dos Espíritos que se comunicam conosco. Enquanto para o senhor não se fizer luz sobre esses problemas, se assim preferir, creia nas chamas e nos tormentos materiais, desde que isto o afaste do mal. A sua crença não os tornará mais reais, quando eles não existem. Se assim lhe apraz, acredite que não temos mais do que uma existência corporal. Isto não o impedirá de renascer aqui, ou em outro lugar, mau grado seu, se assim tiver que ser. Creia que o mundo inteiro e verdadeiro foi feito em seis vezes vinte e quatro horas; se tal é a sua opinião, ela não impedirá que a Terra tenha escrito em suas camadas geológicas as provas em contrário. Creia, se acha melhor, que Josué parou o Sol; isto não impedirá que a Terra gire. Creia que faz apenas seis mil anos que o homem está na Terra; isto não impedirá que os fatos demonstrem a impossibilidade de tal crença. E que dirá o senhor se um dia, quando menos se esperar, venha a geologia demonstrar inexoravelmente, com sinais patentes, a anterioridade do homem, como já demonstrou tantas outras coisas? Creia no que quiser — até no diabo — se essa crença puder torná-lo bom, humano e caridoso para com os seus semelhantes. Como doutrina moral, o Espiritismo só uma coisa impõe: a necessidade de fazer o bem e de não praticar o mal. É uma ciência de observação, deixe que o repita, que tem conseqüências morais. E estas conseqüências são confirmação e prova dos grandes princípios da religião. Quanto aos pontos secundários ele os deixa à consciência de cada um.

Note, porém, o reverendo que, em princípio, o Espiritismo não nega alguns dos pontos divergentes, aos quais o senhor acaba de se referir. Se o senhor tivesse lido tudo quanto escrevi sobre essa matéria, teria visto que se limita a lhe dar uma interpretação mais lógica e mais racional que a vulgarmente admitida. Assim é que, por exemplo, não nega o purgatório: ao contrário, demonstra a sua necessidade e a sua justiça; e faz ainda mais — define-o. O inferno foi descrito como uma imensa fogueira. Será, porém, assim que o compreende a alta teologia? Evidentemente, não: diz que é uma figura; que o fogo que abrasa os condenados é um fogo moral, símbolo das maiores dores.

Quanto à eternidade das penas, se fosse possível pedir o parecer de todos os homens com disposição para raciocinar e compreender, inclusive os mais religiosos, a fim de saber-se a sua opinião íntima, ver-se-ia o que pensa a maioria — porque a idéia de eternidade dos suplícios é a negação da infinita misericórdia de Deus.

Aliás, eis o que no particular diz a doutrina espírita: — "A duração do castigo está subordinada ao melhoramento do Espírito culpado. Nenhuma pena lhe é imposta com tempo determinado. O que Deus lhe exige para pôr termo aos seus sofrimentos é o arrependimento, a expiação e a *reparação;* numa palavra, um melhoramento sério, efetivo e uma sincera volta ao bem. Assim, o Espírito é árbitro de sua própria sorte. Pode prolongar seus sofrimentos pela persistência no mal, como pode atenuá-los e abreviá-los pelos esforços **por fazer o bem**.

Estando a duração do castigo subordinada ao arrependimento, o resultado é que o Espírito culpado, que nem se arrependesse nem melhorasse nunca, sofreria sempre e a pena lhe seria eterna. A eternidade das penas, pois, deve ser entendida em sentido relativo e não no absoluto.

Uma condição inerente à inferioridade dos Espíritos é não ver o término de sua situação e pensar que sofrerão sempre. Isto lhes é um castigo. Entretanto, quando sua alma se abre ao arrependimento, Deus lhes faz ver um raio de esperança.

Esta doutrina, evidentemente, é mais conforme à justiça de Deus, que castiga enquanto permanecemos no mal e perdoa quando entramos no bom caminho. Quem a imaginou? Nós? Não. São os Espíritos que a ensinaram e provam, pelos exemplos oferecidos diariamente.

Assim, pois, os Espíritos não negam as penas futuras, de vez que descrevem seus próprios sofrimentos. E estes quadros nos comovem mais que o das penas eternas, porque são perfeitamente lógicos. Compreende-se que isto é possível, que assim deve ser, que essa situação é uma conseqüência natural das coisas. Pode ser aceita pela mente de um filósofo, porque nada disso repugna à razão. Eis porque as crenças espíritas hão conduzido ao bem uma porção de criaturas, materialistas algumas e às quais não havia impressionado o temor do inferno tal qual nos é descrito.

S. — Sem deixar de admitir o seu raciocínio, não crê o senhor que o vulgo necessita mais de imagens que impressionam do que de uma filosofia que não compreendem?

A. K. — É isto um erro que produziu mais de um materialista e que, pelo menos, afastou mais de uma criatura da religião. Chega um momento em que essas imagens não impressionam; e, então, as pessoas que não se aprofundam, repelindo a parte, impugnam o todo, porque dizem: "Se me ensinaram como verdade incontestável uma coisa falsa, se me apresentaram uma imagem, em vez da realidade, quem me garante que o resto seja mais verdadeiro"? Ao contrário, a fé se fortifica e, desenvolvendo o raciocínio, este nada repele. A religião ganhará sempre por acompanhar o progresso das idéias; e se houvesse de um dia correr perigo, seria porque, havendo-se adiantado os homens, tivesse permanecido estacionária. Nesta época é um engano pensar que os homens podem ser conduzidos pelo temor do demônio e dos sofrimentos eternos.

S. — Efetivamente, hoje a Igreja reconhece que o inferno material é uma imagem. Isto, porém, não exclui a existência dos demônios. Sem eles, como explicar a influência do mal, que não pode vir de Deus?

A. K. — O Espiritismo não admite os demônios, no sentido usual do vocábulo; admite, porém, os maus Espíritos, que não valem muito mais, e que causam tanto mal quanto o que se atribui àqueles, sugerindo maus pensamentos. Unicamente diz que não são seres excepcionais, criados para o mal e votados perpetuamente ao mal, espécie de párias da criação e verdugos do gênero humano. São seres atrasados, ainda imperfeitos, mas aos quais Deus reserva o futuro. Neste ponto está de acordo com a Igreja ortodoxa grega, que admite a conversão de Satanás, alusão aos Espíritos maus. Note, também, reverendo, que o vocábulo *demônio* só implica a idéia de Espírito mau na acepção moderna que se lhe atribuiu, porque a voz grega *daimon* significa *gênio, inteligência* ([14]). Como quer que seja, hoje só é admitida a sua acepção em sentido pejorativo.

Admitir a comunicação dos maus Espíritos é reconhecer, em princípio, a realidade das manifestações. A questão reside, pois, em saber se só eles é que se manifestam, como assegura a Igreja, buscando um motivo para proibir as comunicações com os Espíritos em geral. Aqui invocamos o raciocínio e os fatos. Se alguns Espíritos, sejam eles quais forem, se comunicam, só o fazem com a permissão de Deus. Como admitir-se que só aos maus isto seja permitido? Como se lhes daria ampla liberdade para vir enganar os homens, enquanto que aos bons seria defeso vir fazer-lhe oposição e neutralizar as suas

---

([14]) Lemos em *Cícero* (CICERONE, De Univ., 2): Quos Graeci DAIMONOS apellant, nostri opinor *lares*, isto é, em nossa língua: "Os que os gregos chamam *demônios*, nós consideramos os *lares* (ou deuses *lares*). *Lactantius*, aliás *L. Caecilius Firmianus*, apelidado *Lactantius*, um dos mais elegantes escritores de sua época, convertido ao Cristianismo no fim do terceiro século, autor de notáveis obras religiosas, versando os dogmas e, de um modo geral, a teologia, diz (*Inst. divin.* II, pág. 14) que os latinos chamavam os demônios *genii* (isto é, gênios). N. do T.

perniciosas doutrinas? Crer que assim seja não é pôr em dúvida o poder e a bondade de Deus? não é fazer de Satanás um rival da Divindade? O Velho Testamento, o Evangelho e os Pais da Igreja reconhecem perfeitamente a possibilidade de comunicação com o mundo invisível, do qual os bons não se acham excluídos. Por que, então, haveria de estar agora? Por outro lado, admitindo a Igreja a autenticidade de certas aparições e comunicações com os santos, repele, por isso mesmo, a idéia de que só nos tenhamos que haver com os maus Espíritos.

O fato é que, quando as comunicações só encerram boas coisas; quando nelas só se prega a mais pura moral evangélica, a abnegação, o desinteresse e o amor do próximo; quando nelas se censura o mal, qualquer que seja o seu disfarce, seria racional admitir-se que o Espírito maligno viesse, desse modo, fazer a sua própria acusação?

S. — Ensina-nos o Evangelho que o anjo das trevas, ou Satanás, se transforma em anjo de luz, a fim de seduzir os homens.

A. K. — Conforme o Espiritismo, e na opinião de muitos filósofos, Satanás não é um ser real, mas a personificação do mal, como outrora Saturno o era do tempo. A Igreja toma esta alegoria em sentido literal. É uma questão de opinião e não a discutirei. Admitamos por um instante que Satanás fosse um ser real. A força de exagerar o seu poder visando atemorizar, a Igreja chega a um resultado diametralmente oposto; isto é, não à destruição do temor apenas, mas à destruição de toda crença na sua pessoa, dando arras ao provérbio de que quem muito quer provar, acaba nada provando. Representa-o como eminentemente sagaz, manhoso e astuto e, na questão do Espiritismo, fá-lo representar o papel de bobo ou de vilão.

Desde que o objetivo de Satanás é alimentar o inferno com as suas vítimas e roubar almas a Deus, compreende-se que se dirija aos que se acham no bom caminho, a fim de os induzir ao mal, para o que, segundo a bela alegoria, é necessário que se transforme em anjo de luz, isto é, que hipocritamente simule virtudes. Mas o que não é compreensível é que deixe escapar os que já se acham nas suas garras. Os que não crêem em Deus nem na alma, os que desprezam a prece e estão atolados no vício pertencem ao diabo, tanto quanto o podem pertencer, e nada mais é preciso fazer para os atolar ainda mais. Logo, incitá-los a voltar-se para Deus, suplicar-lhe, submeter-se à sua vontade, animá-los a renunciarem ao mal, pintando-lhes a felicidade dos eleitos e a triste sorte que espera os malvados, seria pura cretinice e maior estupidez do que abrir a gaiola a um pássaro cativo com a idéia de o apanhar novamente.

Há, pois, na doutrina da comunicação exlusiva dos demônios uma contradição que qualquer homem sensato pode notar, pelo que jamais se convencerão de que os Espíritos que fazem voltar-se para Deus aqueles que o negavam, ao bem os que faziam o mal; que consolam os aflitos e dão ânimo aos fracos; que pela sublimidade de seu ensino elevam as almas acima do plano da vida material sejam emissários de Satanás e que, por tudo isto, devamos prescindir de toda relação com o mundo invisível.

S. — Se a Igreja proíbe as comunicações com os Espíritos dos mortos é porque são contrárias à religião e porque estão formalmente condenadas pelo Evangelho e por Moisés. Ao pronunciar este a pena de morte contra semelhantes práticas, prova quanto estas são repreensíveis aos olhos de Deus.

A. K. — Desculpe, reverendo; tal proibição não se acha em parte alguma do Evangelho, mas apenas na lei mosaica. Trata-se, então, de saber se a Igreja coloca a lei mosaica acima da evangélica ou, por outras palavras, se é mais judaica do que cristã. Digno de nota é que, de todas as religiões, a que menos oposição faz ao Espiritismo é o Judaísmo, o qual não se apoiou na lei mosaica para se opor às evocações, como o fazem as seitas cristãs. Se as prescrições bíblicas são o código da fé cristã, por que se proíbe a leitura da Bíblia? Que dizer se se proibisse a um cidadão estudar o código de seu país?

A proibição ditada por Moisés tinha sua razão de ser. O legislador hebreu queria que seu povo rompesse com todos os costumes adquiridos dos egípcios e porque este costume de que tratamos era objeto de abuso. Os mortos não eram invocados por respeito e afeto que lhes quisessem testemunhar, nem por sentimento de piedade: aquele era apenas um meio de adivinhação, um objeto de tráfico vergonhoso, explorado pelo charlatanismo e pela superstição. Teve, pois, Moisés, razão para proibir. Pronunciou-se contra semelhante abuso, estabelecendo severa pena, porque eram precisas medidas rigorosas para governar aquele povo indisciplinado, motivo pelo qual a pena de morte era prodigalizada na sua legislação. Assim, pois, o senhor não tem razão de apoiar-se na severidade do castigo visando provar o grau de culpabilidade que haja na simples evocação dos mortos.

Se a proibição de evocar os mortos proviesse de Deus, como pretende a Igreja, também de Deus proviria a pena de morte contra os delinqüentes. A pena teria uma origem tão sagrada quanto a proibição. Por que, então, não foi conservada? Todas as leis de Moisés são promulgadas em nome de Deus, e por sua ordem. Se se acredita que Deus seja o seu autor, por que não mais se acham em vigor? Se a lei de Moisés é para a Igreja artigo de fé em um ponto, por que não o é em todos? Por que a ela recorrer em caso de necessidade quando a mesma é repelida desde que não nos convém? Por que não seguir todas as suas prescrições, entre as quais está a circuncisão, a que Jesus foi submetido e que não aboliu?

Em duas partes se divide a lei mosaica: 1.º — a lei de Deus, resumida nas tábuas de Sinai; esta subsistiu porque é divina e o Cristo não fez mais do que a desenvolver; 2.º — a lei civil ou disciplinar, apropriada aos costumes da época e que Jesus aboliu.

Já hoje as circunstâncias não são as mesmas e a proibição de Moisés carece de motivos. Por outro lado, se a Igreja proíbe chamar aos Espíritos, pode proibir que estes venham quando não são chamados? Não vemos diariamente receberem manifestações de toda sorte pessoas que nunca se haviam ocupado do Espiritismo? e não as havia que as recebessem muito antes que dele nos ocupássemos?

Outra contradição. Quando Moisés proibiu a evocação dos Espíritos dos mortos, é porque eles podiam vir. Do contrário inútil seria a proibição. Se podiam vir naquela época, também o podem hoje. E se são os Espíritos dos mortos, não são, pois, exclusivamente os demônios. Antes de tudo é necessário ser lógico.

S. — A Igreja não nega que os bons Espíritos possam comunicar-se, pois reconhece que os santos tiveram manifestações. Mas nunca pode considerar como *bons* aqueles que contrariam os seus princípios imutáveis. O certo é que os Espíritos ensinam as penas e recompensas futuras; mas não como ela. E, unicamente por isto, pode ela julgar seus ensinamentos e discernir os bons dos maus.

A. K. — Eis uma grande questão. Galileo foi acusado de herege e de receber inspirações do demônio, porque revelou uma lei da natureza, provando o erro de uma crença considerada inatacável. Por isso foi condenado e excomungado. Se sobre todos os pontos tivessem abandonado os Espíritos no sentido exclusivo da Igreja, se não houvessem proclamado a liberdade de consciência e combatido certos abusos, teriam sido bem-vindos e não teriam sido qualificados de demônios. Tal é a razão por que todas as religiões, tanto os muçulmanos quanto os católicos, crendo-se na posse exclusiva da verdade absoluta, consideram como obra do demônio qualquer doutrina que não seja absolutamente ortodoxa, sob o seu ponto de vista. Os Espíritos não vêm derrubar a religião, mas revelar, como Galileo, novas leis da natureza. Se alguns pontos de fé são afetados, é porque se acham em contradição com as ditas leis, do mesmo modo por que estava a crença no movimento do Sol. A questão está em saber se um artigo de fé pode anular uma lei da natureza, que é obra de Deus. E, reconhecida essa lei, não será mais prudente interpretar o dogma no sentido daquela do que atribuí-la ao demônio?

S. — Passemos por cima da questão dos demônios. Sei que é diversamente interpretada pelos teólogos, mas me parece mais difícil de conciliar com os dogmas o sistema da reencarnação, que não passa da renovação da metempsicose de Pitágoras.

A. K. — Não é aqui o momento de discutir um assunto que exigiria amplo desenvolvimento. Este o senhor encontrará em O LIVRO DOS ESPÍRITOS e em O EVANGELHO SEGUNDO O ESPIRITISMO. Direi apenas duas palavras.

A metempsicose dos antigos consistia na transmigração da alma dos animais, o que implicava uma degradação. Entretanto essa doutrina não era o que vulgarmente se pensa. A transmigração dos animais não era considerada como uma condição inerente à natureza da alma humana, mas um castigo temporário. Assim, as almas dos assassinos passavam ao corpo de feras, a fim de receberem o seu castigo; a dos impudicos, à dos porcos e dos javalis, a dos inconstantes e dos estúrdios, às aves; a dos preguiçosos e ignorantes aos animais aquáticos. Depois de alguns milhares de anos, mais ou menos conforme a culpabilidade, a alma voltava dessa espécie de prisão, regressando à humanidade. A encarnação animal não era, pois, uma condição absoluta; como se vê, ligava-se à reencarnação humana; e a prova disto é que o castigo dos homens tímidos era passar ao corpo das mulheres expostas ao desprezo e às injúrias ([15]). Era mais uma espécie de espantalho para os tímidos do que um artigo de fé para os filósofos. Do mesmo modo que se diz às crianças "Se você for desobediente o lobo mau o comerá", os antigos diziam aos criminosos: "Vocês serão transformados em lobos." Atualmente se diz: "O diabo levará vocês para o inferno."

A pluralidade das existências, segundo o Espiritismo, difere essencialmente da metempsicose, porque não admite a reencarnação da alma em animais, nem sequer como castigo. Ensinaram os Espíritos que a alma jamais regride; ao contrário, progride sempre. Suas diferentes existências corpóreas se realizam na humanidade, e cada existência é um passo a frente, que dão na senda do progresso moral e intelectual, o que é muito diferente. Não podendo adquirir um desenvolvimento completo numa existência única, com freqüência abreviada por causas acidentais, Deus lhe permite continuar, em nova encarnação, a tarefa que não pôde concluir, ou voltar a recomeçar a que desempenhou mal. A expiação na vida corpórea consiste nas tribulações que nela sofremos.

A respeito da questão de saber se a pluralidade de existências é ou não contrária a certos dogmas da Igreja, limito-me a dizer o seguinte:

Das duas uma: ou há reencarnação, ou não há. Se existe, é uma prova de que está nas leis da natureza. Para provar que não existe, seria necessário provar que é contrária — não aos dogmas — mas àquelas leis, e que é possível encontrar ou-

---

([15]) Veja-se a *Pluralidade de existências da alma*, de André Pezzani.

tra hipótese que explique mais clara e mais logicamente as questões que só ela pode resolver.

Aliás, é fácil demonstrar que certos dogmas encontram na reencarnação uma sanção racional, os torna aceitáveis pelos que os repeliam, por isso que os não compreendiam. Não se trata, portanto, de destruir, mas de interpretar, e isto acontecerá mais tarde, pela mesma força das coisas. Os que não querem aceitar a interpretação têm liberdade para tanto, como hoje têm de pensar que é o Sol que gira em torno da Terra. A idéia da pluralidade das existências se vulgariza com rapidez maravilhosa, por força de sua extrema lógica e de sua conformidade com a justiça divina. Quando for reconhecida como verdade natural e aceita por todo o mundo, que fará a Igreja?

Em resumo, a reencarnação não é um sistema imaginado para sustentar uma causa, como não é uma opinião pessoal. É ou não é um fato? *Se está demonstrado que certas coisas que existem são materialmente impossíveis sem a reencarnação, é preciso admitir que são conseqüências da reencarnação.* E se está na natureza, não poderá ser anulada por uma opinião contrária.

S. — Segundo dizem os Espíritos, aqueles que não crêem neles e em suas manifestações serão menos favorecidos na vida futura?

A. K. — Se tal crença fosse indispensável à salvação dos homens, que seria daqueles que, desde que o mundo existe, não se achavam em condições de a possuir? e que dizer dos que, ainda por muito tempo, hão de morrer sem tal crença? Poderá Deus lhes fechar as portas do futuro? Não. Os Espíritos que nos instruem são mais lógicos e nos dizem: "Deus é soberanamente bom e justo; não faz a sorte futura do homem depender de condições que não dependem de sua vontade." Não dizem: *"Fora do Espiritismo não há salvação"*, mas como o Cristo: *"Fora da Caridade não há salvação."*

S. — Permita então que lhe diga: Desde que os Espíritos não ensinam outros princípios que os da moral contida no Evangelho, não compreendo a utilidade do Espiritismo, por isso que podíamos conseguir a nossa salvação antes dele e ainda o podemos. Não aconteceria o mesmo se os Espíritos viessem ensinar-nos princípios que mudam a face da Terra, como o fez o Cristo. Este pelo menos era só; sua doutrina única; enquanto que há milhares de Espíritos, que se contradizem, uns dizendo branco, outros dizendo preto, dando, assim, lugar a que se concluísse que desde o início os seus partidários formam muitas seitas. Não seria melhor deixar os Espíritos tranqüilos e ater-nos àquilo que possuímos?

A. K. — Reverendo, o senhor incide no erro de não sair de seu ponto de vista, e de tomar sempre a Igreja como único critério dos conhecimentos humanos. Se Jesus Cristo disse a verdade, não podia dizer coisa diversa o Espiritismo. E, em vez de o repelir, deveria ser acolhido como um poderoso auxiliar, que vem confirmar, pelas vozes de além-túmulo, as verdades fundamentais da religião, minadas pela incredulidade. Compreende-se que ele seja combatido pelo materialismo; mas que a Igreja se alie ao materialismo para o combater é inconcebível. Como já o disse, o que também é inconseqüência, é que a Igreja qualifique de demoníaco um ensino que se apóia na mesma autoridade, e proclama a missão divina do fundador do Cristianismo.

Mas, teria o Cristo dito tudo? Poderia tudo revelar? Não. Ele mesmo disse: "Muitas coisas teria ainda a dizer-vos, mas não as compreenderíeis agora; por isso vos falo por parábolas." Hoje que o homem se acha mais adiantado e as pode compreender, o Espiritismo vem completar e explicar aquilo que, intencionalmente, o Cristo apenas esboçou, ou deixou sob forma alegórica. Indubitavelmente, o senhor dirá que essa explicação cabia à Igreja. Mas qual Igreja? A romana, a grega ou a protestante? De vez que não se acham de acordo, cada uma delas teria dado a explicação ao seu modo e reivindicado o privilégio de a dar. Qual teria sido a que pudesse harmonizar todos os pontos divergentes? Prevendo que os homens mesclariam as suas paixões e as suas preocupações a uma tal explicação, Deus, que é prudente, não lhes quis confiar esta nova revelação; encarregou aos Espíritos, seus mensageiros, de as proclamar em todos os pontos da Terra, sem mira de nenhum culto particular, a fim de que pudessem ser aplicadas a todas e para que ninguém as empregasse em proveito próprio.

Por outro lado, os diversos cultos cristãos não se teriam em nada afastado do caminho traçado pelo Cristo? Seus preceitos de moral são observados rigorosamente? Não torceram as suas palavras a fim de as tomar em apoio da ambição e das paixões humanas, de modo que caem sob a condenação daquelas palavras? Assim, pois, pela voz dos Espíritos enviados por Deus, o Espiritismo vem chamar à cuidadosa observação de seus preceitos os que deles se haviam afastado. Não será este último motivo que lhe vale o qualificativo de obra satânica?

Sem razão chama o senhor de *seitas* a algumas divergências de opinião relativas aos fenômenos espíritas. Não é para estranhar que, no início de uma ciência, quando para muitos as observações eram incompletas, surgissem teorias contraditórias. Mas essas teorias se estribam em pontos de desenvolvimento — e não nos princípios fundamentais. Podem constituir *escolas,* que explicam os fatos à sua maneira, mas não seitas, como não o são os vários sistemas que dividem os nossos cientistas sobre as ciências exatas, como a medicina, a física, etc. Retire do vocábulo *seita,* que é inadequado ao caso vertente. Por outro lado, desde a sua origem, não ocasionou o cristianismo uma porção de seitas? Por que não foi a palavra do Cristo bastante poderosa para fazer calar todas as controvérsias? Por que é susceptível de interpretações que, ainda em nossos dias, dividem os cristãos em diferentes Igrejas, todas e cada uma delas pretendendo possuir a exclusividade da verdade necessária à salvação, detestando-se cordialmente, anatematizando-se em nome do divino Mestre, que apenas pregou o amor e a caridade? Pela fraqueza dos homens, responderá o senhor. Vá lá que seja. E por que quer o senhor que o Espiritismo triunfe de repente sobre essa debilidade e transforme a humanidade como que por encanto?

Vamos à questão da utilidade. Diz o senhor que nada de novo ensina o Espiritismo. É um erro; ao contrário, ensina muito àqueles que não ficam na superficialidade. Ainda mesmo que não tivesse feito mais que substituir pela máxima *"Fora da Caridade não há salvação",* que une as criaturas, o *"Fora da Igreja não há salvação",* que as separa, o Espiritismo teria assinalado uma nova era para a humanidade.

Diz o senhor que poderíamos passar sem ele. Conforme. Mas também poderíamos passar sem uma porção de descobertas científicas. Certamente os homens se encontravam tão bem antes quanto depois do descobrimento de todos os novos planetas, do cálculo de suas elipses, do conhecimento do mundo microscópico e de centenas de outras coisas. Para viver e cultivar o trigo o lavrador não necessita saber o que é um cometa. Não obstante, ninguém nega que todas essas coisas alargam o campo das idéias e nos permitem uma penetração, cada vez maior, nas leis da natureza. O mundo dos Espíritos é, pois, uma dessas leis que o Espiritismo nos dá a conhecer, ensinando-nos a influência que exerce no mundo corpóreo. Mesmo admitindo que se cifrasse a isto, já não seria bastante a revelação de semelhante poder?

Vejamos agora a sua influência moral. Admitamos que absolutamente nada de novo ensine no particular. Qual o maior inimigo da religião? O materialismo. Porque o materialismo em nada crê; e o Espiritismo é a negação do materialismo, que não tem mais razão de ser. Não é pelo raciocínio, não é pela fé cega que diz ao materialista que nem tudo se acaba com o corpo: di-lo com os fatos; demonstra-o e o faz tocar com os próprios dedos, ver com os próprios olhos. Porventura será pequeno este serviço que presta à humanidade e à religião? Mas isto não é tudo. A certeza da vida futura, o quadro vivo dos que nela nos precederam demonstram a necessidade do bem e as conseqüências inevitáveis do mal.

Eis porque, sem ser uma religião, conduz essencialmente às idéias religiosas, desenvolvendo-as nos que não a possuem, fortificando-as nos que as têm vacilantes. Nele, pois, encontra a religião um apoio, não para as criaturas intelectualmente míopes, que vêem toda a religião na doutrina do fogo eterno e mais na letra do que no espírito, mas aqueles que a contemplam através da grandeza e da majestade de Deus.

Numa palavra, o Espiritismo alarga e eleva as idéias; combate os abusos engendrados pelo egoísmo, pela cobiça e pela ambição. Quem se atreverá a defendê-los, declarando-se o seu campeão? Se não é indispensável para a salvação, o facilita, fortificando-nos no caminho do bem. Por outro lado, qual será o homem sensato que se atreve a sustentar que aos olhos de Deus a falta de ortodoxia é mais condenável que o ateísmo e o materialismo?

Proponho claramente as seguintes perguntas a todos quantos combatem o Espiritismo sob o aspecto de suas conseqüências religiosas:

1.º — A quem caberá a pior parte na vida futura: ao que em nada crê, ou ao que, crendo nas verdades gerais, não admite certas partes do dogma?

2.º — O protestante e o cismático estão confundidos na mesma reprovação que o ateu e o materialista?

3.º — Aquele que não é ortodoxo, no estrito sentido do vocábulo, mas que faz todo o bem que pode, que é bom e indulgente para com o próximo e leal em suas relações sociais, estará menos garantido na sua salvação do que um outro que, em tudo acreditando, é, entretanto, duro, egoísta e sem caridade?

4.º — Aos olhos de Deus o que é preferível: a prática das virtudes cristãs sem a dos deveres da ortodoxia ou a prática da ortodoxia, sem a moral?

Reverendo, respondi às perguntas e às objeções que o senhor me fez; mas, como disse no começo, sem intuitos preconcebidos de o atrair para as nossas idéias e de fazê-lo mudar de convicções. Limitei-me a fazê-lo considerar o Espiritismo sob seu verdadeiro ponto de vista. Se o senhor não tivesse vindo, eu não iria procurá-lo. Isto não significa que desprezemos a sua adesão aos nossos princípios, caso ela devesse ter lugar. Longe disso. Ao contrário, seríamos muito felizes, como com todas as aquisições que fazemos, para nós tanto mais valiosas quanto mais livres e voluntárias. Não só não nos assiste o direito de exercer coação sobre quem quer que seja, como teríamos escrúpulos de perturbar a consciência das pessoas que, tendo crenças que lhe bastam, não nos chegam espontaneamente.

Dissemos que o melhor meio de ilustrar-se sobre o Espiritismo era estudar a sua teoria. Os fatos viriam depois, naturalmente, e seriam compreendidos, qualquer que fosse a ordem em que as circunstâncias no-los trouxessem. Nossas publicações foram feitas com o objetivo de facilitar esse estudo. Eis a ordem que recomendamos:

O primeiro que se deve ler é este resumo, que oferece uma vista de conjunto e os pontos cardiais da ciência. Com ele já é possível formar uma idéia e convencer-se de que no fundo o Espiritismo encerra algo de sério. Nesta rápida exposição propusemo-nos indicar os pontos sobre os quais o observador deve fixar particularmente a atenção. A ignorância dos princípios fundamentais é causa das falsas apreciações da maioria dos que julgam aquilo que não compreendem, ou que o fazem conforme suas idéias preconcebidas.

Se este primeiro contato despertar o desejo de aprender mais, dever-se-á ler O Livro dos Espíritos, onde se acham completamente desenvolvidos os princípios da doutrina. Depois, O Livro dos Médiuns, para a parte experimental, destinada a servir de guia aos que desejam operar diretamente, como aos que desejam dar-se conta dos fenômenos. Seguem-se imediatamente as obras onde se acham desenvolvidas as aplicações e as conseqüências da doutrina, tais como O Evangelho Segundo o Espiritismo; O Céu e o Inferno; A Gênese, etc.

A Revista Espírita é, de certo modo, um curso de aplicação, pelos numerosos exemplos e instruções nela contidos, sobre a parte teórica e sobre a experimental.

Às pessoas sérias, que tiverem feito estudos prévios, damos verbalmente, e com muita satisfação, as explicações que necessitam sobre os pontos que, porventura, não ficaram suficientemente compreendidos.

CAPÍTULO II
NOÇÕES ELEMENTARES DE ESPIRITISMO

OBSERVAÇÕES PRELIMINARES

1. É erro pensar que a certos incrédulos baste ver os extraordinários fenômenos para que fiquem convencidos. Os que não admitem a existência da alma ou Espírito no homem também não podem admiti-lo fora dele. Negando a causa, em conseqüência negam o efeito. Quase sempre chegam com idéias preconcebidas e tomando o partido da negação, o que os impossibilita de uma observação séria e imparcial. Fazem perguntas e objeções impossíveis de ser respondidas imediatamente, porque com cada pessoa seria necessário seguir um curso e tomar as coisas desde o princípio. O estudo antecipado dá como conseqüência resposta às objeções, as quais, em sua maioria, se derivam do desconhecimento das causas dos fenômenos e das condições em que os mesmos se produzem.

2. Os que não conhecem o Espiritismo, imaginam que os fenômenos espíritas são produzidos como as experiências de Física e de Química. Daí a pretensão de os submeter à sua vontade e a resistência a se colocarem nas necessárias condições para a observação. Não admitindo em princípio a intervenção dos Espíritos ou, pelo menos, nem conhecendo a sua natureza nem o meio de agir, procedem como se operassem com a matéria bruta; e porque não obtêm aquilo que desejam, concluem que os Espíritos não existem.

Colocando-nos noutro ponto de vista, compreenderemos que se os Espíritos são as almas dos homens, após a nossa morte seremos Espíritos e também nós não estaremos dispostos a servir de joguete para a satisfação dos caprichos dos curiosos.

3. Posto que certos fenômenos possam ser provocados, por isso mesmo que procedem de inteligências livres, nunca estão

115

à disposição absoluta de ninguém; quem quer que se gabe de os obter à vontade ou demonstra ignorância ou má-fé. É preciso esperá-los, aproveitar a oportunidade e, freqüentemente, acontece que quando menos os esperamos apresentam-se os fatos mais interessantes e concludentes. Quem quiser instruir-se seriamente deve, pois, nisto como em tudo o mais, armar-se de paciência, de perseverança e fazer o que é necessário, pois de outro modo melhor seria não cogitar destas coisas.

4. As reuniões que se ocupam destas manifestações espíritas nem sempre realizam as boas disposições para obter resultados satisfatórios, ou produzir convicções. Algumas há — é bom que se diga — das quais os incrédulos saem menos convencidos do que quando entraram e respondem aos que lhes falam do caráter sério do Espiritismo com o relato dos acontecimentos, freqüentemente ridículos, de que foram testemunhas. Estes não são mais lógicos do que quem julgasse uma arte pelos desenhos de um principiante, uma pessoa por sua caricatura ou uma tragédia por sua paródia. O Espiritismo também tem os seus aprendizes; e aquele que quiser instruir-se não deve beber-lhe os ensinos numa fonte única, por isso que só pelo exame e pela comparação pode formar uma opinião.

5. As reuniões frívolas têm um grave inconveniente para os noviços presentes: o de lhes dar uma falsa idéia do caráter do Espiritismo. Aos que têm assistido a reuniões dessa ordem não podem levar a sério uma coisa que vêem tratada com tanta leviandade, pelos próprios que se dizem seus adeptos. O estudo prévio ensinar-lhes-á a julgar a transcendência daquilo que vêem e a distinguir entre o bom e o mau.

6. O mesmo raciocínio é aplicável aos que julgam o Espiritismo por certas obras excêntricas, que apenas podem dar dele uma idéia ridícula e incompleta. Tão responsável é o Espiritismo sério pelas faltas dos que o compreendem mal ou o praticam erradamente, como a poesia pela existência dos maus poetas. É lamentável, dizem, que existam tais obras, porque são nocivas à verdadeira ciência. Indubitavelmente seria preferível que só as houvesse boas. Mas a maior parte da culpa recai sobre os que não se dão ao trabalho de o estudar completamente. Todas as artes, todas as ciências, aliás, se acham no mesmo caso. Sobre as coisas mais sérias não foram

escritos tratados absurdos e crivados de erros? Por que, sobretudo nos seus pródromos, deveria o Espiritismo estar isento como um privilegiado? Se os que o criticam não o julgassem pelas aparências, saberiam aquilo que ele repele e não o responsabilizariam por aquilo que ele repudia em nome da razão e da experiência.

DOS ESPÍRITOS

7. Os Espíritos não são, como vulgarmente se pensa, uma criação à parte: são as almas dos que viveram na Terra ou em outros mundos e que se acham despojados de seu envoltório corporal. Aquele que admite a existência da alma sobrevivente ao corpo, por isso mesmo admite a dos Espíritos. Negar estes equivaleria a negar aquelas.

8. Geralmente fazem uma idéia falsa dos Espíritos. Estes não são, como alguns pensam, seres vagos e indefinidos, nem chamas, como os fogos fátuos, nem fantasmas como nos contos fantásticos. São seres semelhantes a nós e que, como nós, têm um corpo, posto que normalmente fluídico e invisível.

9. Enquanto a alma está unida ao corpo, durante a vida, tem um duplo envoltório: um pesado, grosseiro e destrutível — o corpo; e outro fluídico, leve e indestrutível — o *perispírito*.

10. No homem encontram-se, pois, três coisas essenciais: 1.º — a *alma* ou *Espírito*, princípio inteligente, no qual residem o pensamento, a vontade e o senso moral; 2.º — o *corpo*, envoltório material, que põe o Espírito em relação com o mundo exterior; 3.º — o *perispírito*, envoltório leve, imponderável e que serve de laço intermediário entre o Espírito e o corpo.

11. Quando a envoltura exterior está gasta e já não pode funcionar, falece; então o Espírito se despoja dela, como o fruto se despoja da casca, a árvore da cortiça, a serpente da sua casca e, para dizer tudo, como uma veste imprestável que abandonamos. É a isto que chamamos *morte*.

12. A morte não é mais que a destruição do invólucro material, que a alma abandona, assim como a mariposa abandona a crisálida, conservando, não obstante, o seu corpo fluídico ou perispírito.

13. A morte do corpo liberta o Espírito de seu invólucro, que o prendia à Terra, fazendo-o sofrer; uma vez desembaraçado dessa carga, só lhe resta o corpo etéreo, que lhe permite percorrer o espaço e vencer distâncias com a rapidez do pensamento.

14. A união da alma, do perispírito e do corpo material constitui o *homem;* a alma e o perispírito separados do corpo constituem o ser chamado Espírito.

Observação — Deste modo a alma é um ser simples, o *Espírito* um ser duplo e o homem um ser triplo. Seria, pois, mais exato reservar o vocábulo *alma* para designar o princípio inteligente e o *Espírito* para o ser semimaterial, formado por aquela e pelo corpo fluídico. Como, porém, não pode conceber-se o princípio inteligente completamente despido de matéria, nem o perispírito sem estar animado pelo princípio inteligente, os vocábulos *alma* e *Espírito,* na linguagem comum, são empregados indistintamente, verificando-se a figura que consiste em tomar a parte pelo todo, do mesmo modo que se diz que uma cidade tem uma população de tantas almas, que uma aldeia que se compõe de tantos fogos. Mas filosoficamente o essencial é estabelecer a diferença.

15. Revestidos de corpos materiais, os Espíritos constituem a humanidade, ou mundo corporal visível; despojados desses corpos, constituem o mundo espiritual ou invisível, que povoa o espaço e em cujo meio vivemos inadvertidamente, como vivemos em meio ao mundo dos infinitamente pequenos, que não suspeitávamos antes da invenção do microscópio.

16. Os Espíritos não são, pois, seres abstratos, vagos e indefinidos: são concretos e limitados. Para se parecerem aos homens só lhes faltam serem visíveis, de onde se segue que, se num dado momento pudesse levantar-se o véu que os oculta aos nossos olhos, formariam uma verdadeira população em torno de nós.

17. Os Espíritos possuem todas as perfeições que tinham na Terra, posto que mais apuradas. Porque suas faculdades não são embaciadas pela matéria e experimentam sensações que nos são desconhecidas; vêem e ouvem coisas que nossos limitados sentidos não nos permitem ver nem ouvir. Para êles não há obscuridade, salvo para aqueles cujo castigo consiste em viver temporariamente nas trevas. Todos os nossos pensa-

mentos neles repercutem e eles lêem como num livro aberto. De modo que o que podemos ocultar a alguém enquanto vivo, já não o podemos, desde que volte ao estado de Espírito (O LIVRO DOS ESPÍRITOS, n. 237).

18. Os Espíritos se encontram por toda parte: estão entre nós, ao nosso lado, acotovelando-nos e incessantemente nos observam. Por sua contínua presença entre nós, os Espíritos são agentes de diversos fenômenos; desempenhando um importante papel no mundo moral e, até certo ponto, no mundo físico, constituem uma das forças da natureza.

19. Desde que se admita a sobrevivência da alma ou Espírito, é racional admitir a dos afetos, sem o que as almas de nossos parentes e amigos nos seriam arrebatadas para sempre.

Uma vez que os Espíritos podem ir a toda parte é, também, racional admitir que aqueles que nos amaram durante a vida terrena nos amem depois de mortos, que vivam junto a nós, que venham comunicar-se conosco; e para o conseguir valham-se dos meios que estão à sua disposição. E isto é confirmado pela experiência.

Com efeito, prova a experiência que os Espíritos conservam os afetos verdadeiros que tinham na Terra, que se alegram por encontrar-se ao lado dos que amaram, sobretudo quando são atraídos pelo pensamento por sentimentos afetuosos que lhes conservam, ao passo que se mostram indiferentes para com aqueles que lhes demonstram indiferença.

20. O objetivo do Espiritismo é a comprovação e o estudo da manifestação dos Espíritos, de suas faculdades, de sua situação feliz ou infeliz, e de seu futuro; numa palavra, o conhecimento do mundo espiritual. Comprovadas essas manifestações, temos como resultado a prova irrecusável da existência de sua individualidade depois da morte, quer dizer, da vida futura, sendo por isso mesma a negação das doutrinas materialistas, não pelo raciocínio, mas pelos fatos.

21. Uma idéia menos generalizada entre as pessoas que conhecem o Espiritismo é a de supor que, pelo simples fato de se terem despojado da matéria, os Espíritos tudo devem saber e mesmo possuir a suprema sabedoria. Este é um grave erro.

Não sendo os Espíritos mais que as almas dos homens, estas só adquirem a perfeição quando se desprendem de seu

119

envoltório terreno. Só com o tempo se realiza o progresso dos Espíritos; e só se desprendendo continuamente de suas imperfeições adquirem os conhecimentos que lhe faltam. Seria tão ilógico admitir que o Espírito de um selvagem ou de um criminoso se converta repentinamente num sábio virtuoso, como é contrário a justiça de Deus crer que permanecerá eternamente na sua inferioridade.

Assim como há homens de diversos graus de saber e de ignorância, de bondade e de perversidade, também há Espíritos. Há os que se contentam com serem leviangs ou travessos, outros mentirosos e enganadores, hipócritas, perversos e vingativos; enquanto outros, ao contrário, possuem as mais sublimes virtudes e um grau de saber desconhecido na Terra. Esta diversidade de qualidades de Espíritos é um dos pontos mais dignos de consideração, porque explica a boa ou má natureza das comunicações recebidas. Devemos empenhar-nos especialmente em estabelecer esta distinção (O LIVRO DOS ESPÍRITOS, n. 100 — *Escala Espírita.* — O LIVRO DOS MÉDIUNS, Cap. 24).

COMUNICAÇÕES COM O MUNDO INVISÍVEL

22. Admitidas a existência, a sobrevivência e a individualidade da alma, o Espiritismo se reduz a esta questão principal: *São possíveis as comunicações entre as almas e os vivos?* Esta possibilidade decorre da experiência. Estabelecidas como fatos as relações entre o mundo visível e o invisível, conhecidas a natureza, a causa e a maneira dessas relações, temos um novo campo aberto à observação e a chave de uma porção de problemas, ao mesmo tempo que um poderoso elemento moralizador, resultante do desaparecimento da dúvida relativamente ao futuro.

23. A dúvida quanto às possibilidades das comunicações de além-túmulo é engendrada na mente de muitas pessoas pela falsa idéia que fazem do estado da alma após a morte. Geralmente a imaginam como um sopro, uma espécie de fumaça, como algo vago, só acessível ao pensamento, que se evapora e vai não se sabe para onde, mas tão longe, que custa admitir-se possa voltar à Terra. Se, ao contrário, se a consi-

dera como um corpo fluídico semimaterial, formando assim um ser concreto e individual, nada existe de incompatível com a razão nas suas relações com os vivos.

24. Vivendo o mundo visível no meio do mundo invisível, com o qual está em perpétuo contato, segue-se que estão em incessante e recíproca reação; que desde que há homens, há Espíritos; e que se estes têm poder de manifestar-se, puderam fazê-lo em todas as épocas e em todos os povos. Nestes últimos tempos, entretanto, as manifestações dos Espíritos adquiriram um sério desenvolvimento e um caráter de evidente autenticidade; porque entrava nos desígnios da Providência acabar com a praga da incredulidade e do materialismo por meio de provas evidentes, permitindo aos que deixavam a Terra que viessem dar o testemunho de sua existência e revelar a sua situação feliz ou desventurada.

25. As relações entre o mundo visível e o invisível podem ser ocultas ou manifestas, espontâneas ou provocadas. Os Espíritos agem sobre os homens de maneira oculta, pelos pensamentos que lhes sugerem e por certas influências; e, de modo manifesto, por efeitos apreciáveis pelos sentidos.

As manifestações espontâneas ocorrem impensadamente e de improviso; freqüentemente se produzem nas criaturas mais estranhas às idéias espíritas e que, por isso mesmo, não as sabendo explicar, as atribuem a causas sobrenaturais. As provocadas se dão por meio de certas pessoas, para isto dotadas de faculdades especiais, e que são designadas pelo nome de *médiuns*.

26. Os Espíritos podem manifestar-se de mui diversas maneiras: pela visão, pela audição, pelo tacto; pelos ruídos, pelo movimento de objetos; pela escrita, pelo desenho, pela música, etc.

27. Às vezes os Espíritos se manifestam espontaneamente, pelos ruídos e dando pancadas. Para eles amiúde estas são maneiras de testemunhar a sua presença e chamar a atenção, exatamente como uma pessoa faz um ruído para nos advertir de sua chegada. Há Espíritos que não se limitam a ruídos moderados: chegam a grandes estrépitos, semelhantes aos de uma vasilha que se quebra, ou de portas que batessem, ou de

móveis derribados; alguns causam grandes perturbações e verdadeiro descalabro.

28. Posto que normalmente invisível para nós, o perispírito é uma matéria eterizada. Em certos casos o Espírito pode fazê-lo sofrer uma como que modificação molecular que o torna visível e, até, tangível; e é assim que se produzem as aparições. Este fenômeno não é mais extraordinário que o do vapor, que é invisível quando muito rarefeito e que, condensado, se torna visível.

Os Espíritos que se tornam visíveis quase sempre se apresentam com a aparência que tinham quando vivos, podendo, assim, ser reconhecidos.

29. A visão permanente e geral dos Espíritos é muito rara: mas as aparições isoladas são muito freqüentes, sobretudo no momento da morte. O Espírito livre parece que se apressa em voltar a ver os seus parentes e amigos, como que para os advertir que acaba de deixar a Terra e lhes dizer que é imortal. Recorra cada um às suas lembranças e verá quantos fatos autênticos desse gênero teriam ocorrido, sem que os soubéssemos explicar, tanto à noite, durante o sono, como em pleno dia, em completo estado de vigília. Antigamente esses fatos eram considerados como sobrenaturais e maravilhosos e eram atribuídos à magia ou à feitiçaria. Hoje os incrédulos os atribuem à imaginação. Desde, porém, que a ciência espírita deu a chave dos mesmos, sabemos como se produzem e que não saem da ordem dos fenômenos naturais.

30. Por intermédio do perispírito atua o Espírito sobre seu corpo vivo, e também pelo mesmo meio se manifesta, agindo sobre a matéria inerte, produzindo ruídos, movimentos de mesas, e de outros objetos que levanta, derriba ou transporta. Este fenômeno nada tem de surpreendente, se nos recordarmos que entre nós os motores mais poderosos se encontram nos fluidos mais rarefeitos, e até imponderáveis, como o ar, o vapor e a eletricidade.

Igualmente por meio do perispírito o Espírito faz o médium escrever, falar ou desenhar. Não possuindo corpo tangível a fim de agir ostensivamente, quando deseja manifestar-se, serve-se do corpo do médium, apodera-se de seus órgãos, que faz agir como se fossem os seus próprios, por meio do eflúvio fluídico que sobre eles derrama.

31. Pelo mesmo processo age o Espírito sobre a mesa, no fenômeno designado como as *mesas girantes* ou *mesas falantes,* seja movendo-as sem direção determinada, seja para marcar batidas regulares, indicadoras das letras do alfabeto, com que forma palavras e frases, fenômeno designado com o nome de tiptologia. Neste caso a mesa não é mais que um instrumento de que se serve, como o lápis para escrever. Dá-lhe uma vitalidade momentânea por meio do fluido com que a penetra; mas *não se identifica com ela.* As pessoas que comovidas, vendo que se manifesta um ser que lhes foi amado abraçam a mesa, põem-se em ridículo. Porque seria absolutamente como se abraçassem a bengala de que se serve o seu amigo para dar umas batidas. O mesmo pode dizer-se dos que dirigem a palavra à mesa, como se o Espírito estivesse encerrado na madeira ou como se esta se tivesse transformado em Espírito.

Quando ocorrem comunicações por esse meio, é preciso imaginar o Espírito — não dentro da mesa, mas ao lado, *tal qual como em sua vida,* tal qual seria visto, se se pudesse tornar visível. O mesmo se dá nas comunicações por meio da escrita: ver-se-ia o Espírito ao lado do médium, dirigindo-lhe a mão ou lhe transmitindo o pensamento, mercê de uma corrente fluídica.

Quando a mesa se ergue do solo e se livra no espaço sem ponto de apoio, o Espírito não a levanta com a força dos braços, mas a envolve numa espécie de atmosfera fluídica, que neutraliza a força de gravidade, do mesmo modo que faz o ar com os planetas e os cometas. O fluido de que se acha penetrada dá-lhe, momentaneamente, menor peso específico. Quando fica como que pregada no chão, encontra-se num caso semelhante ao da campânula da máquina pneumática, depois que se estabeleceu o vácuo. Entretanto estas não passam de comparações, para demonstrar a analogia dos efeitos, mas não a exata similitude das causas.

Quando a mesa persegue alguém, não é o Espírito que corre — pois pode mesmo permanecer imóvel — mas a mesa que é impelida por uma corrente fluídica, com o auxílio da qual ele a move à vontade.

123

Quando são ouvidos golpes na mesa ou em outra parte, o Espírito não a golpeia nem com a mão, nem com um objeto qualquer, mas apenas dirige para o ponto onde se processa o ruído um jorro de fluido que produz o efeito de um choque elétrico. O Espírito modifica o ruído como podem ser modificados os sons produzidos por meio do ar.

Compreende-se, assim, que para o Espírito não é mais difícil *levantar uma pessoa* do que uma mesa, transportar um objeto de um lugar para outro, do que atirá-lo em qualquer parte. Todos esses fenômenos obedecem à mesma lei.

32. Das palavras que precedem pode ver-se que as manifestações espíritas, seja qual for a natureza delas, nada têm de maravilhoso e sobrenatural. São fenômenos que se produzem em virtude da lei que rege as relações do mundo visível e do mundo invisível, lei tão natural quanto as da eletricidade, da gravitação, etc. O Espiritismo é a ciência que nos dá a conhecer esta lei, assim como a Mecânica nos dá as do movimento e a Ótica as da luz. Desde que as manifestações espíritas estão na natureza, devem ter-se produzido de todos os tempos. Conhecida a lei que as rege, temos a solução de uma porção de problemas até aqui tidos como insolúveis; é a chave de inúmeros fenômenos explorados e amplificados pela superstição.

33. Completamente desfeito o maravilhoso, esses fenômenos nada encerram que repugne à razão, por isso que vêm colocar-se ao lado de outros fenômenos naturais. Nos tempos da ignorância, todos os efeitos, cujas causas eram desconhecidas, eram considerados sobrenaturais. As descobertas científicas restringiram gradativamente o círculo do maravilhoso; e o conhecimento desta nova lei vem anulá-lo. Aqueles, pois, que acusam o Espiritismo de ressuscitar o maravilhoso, provam, pela mesma acusação, que estão falando de coisas que desconhecem.

34. As manifestações dos Espíritos são de duas naturezas: *efeitos físicos* e *manifestações inteligentes*. As primeiras são fenômenos materiais ostensivos, tais como movimento, ruídos, translação de objetos, etc.; as outras consistem na permuta regular de pensamentos, por meio de sinais, da palavra e, sobretudo, da escrita.

35. As comunicações recebidas dos Espíritos podem ser boas ou más, verdadeiras ou falsas, profundas ou levianas, conforme a natureza dos Espíritos que se manifestam. Os que demonstram candura e saber são Espíritos adiantados, que progrediram; os que demonstram ignorância e más qualidades são Espíritos ainda atrasados, mas que progredirão com o tempo.

Os Espíritos só respondem sobre aquilo que sabem, conforme o seu grau de adiantamento, e, ainda assim, sobre aquilo que lhes é permitido. Porque há coisas que não podem revelar, pois que ainda não é dado ao homem tudo conhecer.

36. Da diversidade de qualidades e aptidões dos Espíritos decorre que não basta dirigirmo-nos a um Espírito qualquer, a fim de obtermos uma resposta exata a qualquer pergunta. Porque sobre muitas coisas só lhes é lícito dar uma opinião pessoal, que tanto pode ser certa, quanto errada. Se for prudente, confessará sua ignorância acerca daquilo que não sabe, se leviano, ou mentiroso, responderá sobre tudo sem se preocupar com a verdade; e se for orgulhoso apresentará a sua opinião como verdade absoluta. Por isso disse São João Evangelista: *"Não creiais a todo Espírito, mas provai se os Espíritos são de Deus."* Demonstra a experiência a sabedoria deste conselho. Seria, pois, imprudência e leviandade aceitar sem provas tudo quanto vem dos Espíritos. Por isto essencial é estar instruído quanto à natureza daqueles com quem nos comunicamos. (O LIVRO DOS MÉDIUNS, n. 267.)

37. A qualidade dos Espíritos é conhecida por sua linguagem. A dos verdadeiramente bons e superiores é sempre digna, nobre, lógica e isenta de contradições. Respira sabedoria, benevolência, modéstia e a mais pura moral; é concisa e não encerra palavras inúteis. Nos Espíritos inferiores, ignorantes ou orgulhosos, o vazio das idéias é quase sempre compensado pela abundância das palavras. Todo pensamento evidentemente falso, toda máxima contrária à sã moral, todo conselho ridículo, toda expressão grosseira, trivial ou apenas frívola, todo sinal, enfim, de malevolência, de presunção ou de arrogância, são incontestáveis provas da inferioridade do Espírito.

38. Os Espíritos inferiores são mais ou menos ignorantes; seu horizonte moral, limitado; sua perspicácia, restrita; amiúde não possuem mais que uma idéia falsa e incompleta a respeito

das coisas. Por outro lado ainda se acham sob o império das preocupações terrenas, que às vezes são tomadas como verdades, razão por que são incapazes de resolver certas questões. Podem induzir-nos em erro, voluntária ou involuntariamente, sôbre aquilo que eles próprios não compreendem.

39. Nem por isso são essencialmente maus todos os Espíritos inferiores. Há os que são ignorantes e levianos; outros brincalhões, engenhosos, divertidos e que sabem aplicar provérbios delicados e incisivos. Ao lado destes encontram-se, no mundo dos Espíritos, assim como na Terra, todos os gêneros de perversidade e todos os graus de superioridade intelectual e moral.

40. Os Espíritos superiores só se ocupam de comunicações inteligentes, visando instruir-nos. As manifestações físicas puramente materiais constituem uma espécie de atribuição dos Espíritos inferiores, vulgarmente designados como *Espíritos batedores,* do mesmo modo que, entre nós, os exercícios de força ficam reservados aos saltimbancos e não aos sábios.

41. As comunicações com os Espíritos devem fazer-se sempre com calma e recolhimento. Jamais deve perder-se de vista que os Espíritos são as almas dos homens e que não é conveniente convertê-las em joguete e objeto de passatempo. Se guardamos respeito aos restos mortais, maior ainda devemos guardar ao Espírito. As reuniões frívolas e levianas faltam, pois, a um dever; e os que nelas tomam parte deveriam pensar que de um momento para outro podem entrar no mundo dos Espíritos, e que lhes não seria agradável verem-se tratados com tão pouca deferência.

42. Outro ponto igualmente essencial a ser considerado é que os Espíritos são livres. Só se comunicam quando querem, com quem lhes convém e quando podem, porque têm ocupações. Não estão às ordens e aos caprichos de ninguém e a ninguém é dado fazê-los vir, mau grado seu, nem dizer aquilo que devem calar; de modo que ninguém pode garantir que um Espírito virá num momento determinado, ao seu chamado, e que responderá a tal ou qual pergunta. Dizer o contrário é demonstrar absoluta ignorância dos princípios mais elementares do Espiritismo. *Só o charlatanismo faz adivinhações infalíveis.*

43. Os Espíritos são atraídos pela simpatia, pela semelhança de gosto e de caracteres e pela intenção que torna desejável a sua presença. Como um sábio da Terra não acorreria a uma reunião de jovens estúrdios, também os Espíritos superiores não vão às reuniões fúteis. O mais elementar bom-senso diz que não pode ser de outro modo. Se, às vezes, aí comparecem, é para dar um bom conselho, para combater os vícios, ou para tentar atrair para o bom caminho. Se não são ouvidos, retiram-se. Seria fazer dos Espíritos sérios uma idéia muito errada pensar que possam comprazer-se em dar resposta a futilidades, a perguntas ociosas, que nem provam simpatia nem respeito por eles, nem o real desejo de instruir-se e, menos ainda, que possam vir a pôr de manifesto uma distração para os curiosos. Como assim não procediam em vida, tampouco desejam fazê-lo depois de mortos.

44. Um dos resultados das reuniões frívolas é a atração de Espíritos levianos, que não buscam outra coisa senão as ocasiões para enganar e mistificar. Pela mesma razão por que homens importantes e sérios não vão a reuniões levianas, os Espíritos sérios vão apenas às reuniões sérias, cujo objetivo é a instrução e não a curiosidade. É nestas que os Espíritos superiores se comprazem em dar os seus ensinos.

45. Resulta do que precede que, para ser proveitosa, toda reunião espírita deve, como primeira condição, ser séria e exata; que nela tudo seja feito respeitosa e religiosamente, e com dignidade, se se quiser obter o concurso habitual dos bons Espíritos. Não deve ser esquecido que se esses mesmos Espíritos aí se tivessem apresentado durante a vida, teriam sido recebidos com uma atitude a que têm tanto mais direito quanto é certo que são mortos.

46. Em vão é alegada a utilidade de certas experiências curiosas, frívolas e recreativas, a fim de convencer incrédulos. Por aí se chega a resultados diametralmente opostos. Por isso que o incrédulo é dado a zombar das mais sagradas crenças, não pode considerar sério aquilo de que se faz um passatempo, nem pode inclinar-se respeitoso ante aquilo que lhe não é apresentado de maneira respeitável. Assim, recebe sempre má impressão das reuniões fúteis e levianas; daquelas onde não há ordem, nem gravidade, nem recolhimento. O que, em es-

pecial pode convencê-lo é a prova da presença de seres cuja memória lhes é grata. Ao ouvir suas palavras graves e solenes e as revelações íntimas é que se comove e empalidece. Mas, assim como tem mais respeito, veneração e simpatia pela pessoa cuja alma se lhe apresenta, choca-se e se escandaliza ao ver participar da assembléia desrespeitosa, em meio a mesas que dançam, Espíritos levianos e chocarreiros. Por mais incrédulo que seja, a sua consciência repugna essa aliança entre o sério e o frívolo, o religioso e o profano, e por isso a qualifica de intrujice e amiúde sai menos convencido de que ao entrar.

As reuniões dessa natureza sempre produzem mais mal que bem. Porque afastam da doutrina mais pessoas do que atraem, sem contar que oferecem campo à crítica dos detratores, que nela encontram fundados motivos de troça.

47. Não há razão para que as manifestações físicas sejam transformadas em espetáculos. Se elas não têm importância filosófica, têm sua utilidade, do ponto de vista dos fenômenos, porque são o *a, b, c* da ciência, de que foram a chave. Posto que atualmente sejam menos necessárias, ainda favorecem à convicção de certas pessoas. Mas de modo algum excluem a ordem e a compostura nas reuniões onde são estudadas. Se fossem praticadas sempre de modo conveniente, convenceriam mais facilmente e, sob todos os aspectos, produziriam resultados muito melhores.

48. Certas criaturas fazem uma idéia muito falsa das evocações; umas até chegam a supor que se fazem vir os mortos, com todo o aparato da sepultura. O pouco que acabamos de dizer sobre este assunto deve dissipar semelhante erro. Somente nas novelas e nos contos fantásticos das aparições e, ainda, no teatro, é que se vêem os mortos, descarnados, saindo de seus sepulcros, carregando sudários e chocalhando os ossos. O Espiritismo, que nunca fez milagres, também não faz este. E jamais pretendeu ressuscitar o corpo de um morto. Quando este está na sepultura, o está definitivamente. Mas o ser espiritual, fluídico, inteligente, não foi sepultado com o seu grosseiro envoltório: dele se separou no momento da morte e, operada a separação, com o mesmo nada tem de comum.

49. A crítica malévola regalou-se de apresentar as comunicações espíritas rodeadas de práticas ridículas e supers-

ticiosas de magia e da necromancia. Se os que falam de Espiritismo sem o conhecer se tivessem dado ao trabalho de estudar aquilo de que querem falar, teriam poupado desperdícios de imaginação ou deixado de fazer alegações que apenas servem para pôr de manifesto a sua ignorância, ou a sua má--vontade. Para edificação das pessoas alheias à ciência, diremos que para nos comunicarmos com os Espíritos não há dias nem horas, como não há lugares mais propícios que os outros; que para os evocar não são necessárias fórmulas sacramentais ou cabalísticas; que não é preciso nem preparação nem iniciação alguma; que o emprego de qualquer objeto material, seja para os atrair, seja para os afastar, não produz resultado: basta o pensamento; e, enfim, que os médiuns recebem suas comunicações tão simples e naturalmente como se fossem ditadas por uma pessoa viva e sem sair do estado normal. Só o charlatanismo pode afetar maneiras excêntricas e ajuntar acessórios ridículos.

O chamamento dos Espíritos é feito em nome de Deus, com respeito e recolhimento. É só isto que recomendo às pessoas sérias, que querem estabelecer relações com Espíritos sérios.

FIM PROVIDENCIAL DAS MANIFESTAÇÕES ESPÍRITAS

50. O fim providencial das manifestações espíritas é o de convencer aos incrédulos de que nem tudo se acaba para o homem com a vida terrena; e de dar aos crentes uma idéia mais exata sobre a vida futura. Os bons Espíritos vêem instruir-nos para nosso progresso e adiantamento e não para nos revelar aquilo que ainda não devemos saber ou mesmo aquilo que devemos aprender mediante o nosso próprio esforço. Se bastasse interrogar aos Espíritos a fim de obtermos a solução de todas as dificuldades científicas, ou para fazer descobrimentos ou invenções lucrativas, todo ignorante poderia fazer-se sábio em dois tempos e todo preguiçoso poderia enriquecer sem trabalho. E isto Deus não quer. Os Espíritos ajudam o homem de gênio por meio da inspiração oculta; mas não o eximem do trabalho e das investigações, a fim de não lhe tirar o mérito.

51. Uma idéia muito falsa dos Espíritos faria quem neles visse os ajudantes dos ledores da sorte. Os Espíritos sérios ne-

129

gam-se a tratar dessas coisas fúteis. Os levianos e burlões ocupam-se de tudo, a tudo respondem e predizem tudo quanto se queira, sem se preocuparem com a verdade e se permitindo o censurável prazer de mistificar as pessoas demasiado crédulas. Por isto é essencial atentar muito bem para a natureza das perguntas que podem ser dirigidas aos Espíritos. (O LIVRO DOS MÉDIUNS, n. 286: *Perguntas que podem ser dirigidas aos Espíritos.*)

52. Fora daquilo que possa ajudar o progresso moral, só incertezas se encontram nas revelações que dos Espíritos possam obter-se. A primeira conseqüência desagradável para aquele que desvia sua faculdade do fim providencial é a de ser mistificado pelos Espíritos mentirosos, que pululam em torno dos homens; a segunda, a de cair sob o domínio desses mesmos Espíritos que, pérfidos conselheiros, podem conduzir a desgraças reais e materiais na Terra; a terceira, a de perder, após a vida terrena, o fruto do conhecimento do Espiritismo.

53. Assim, pois, as manifestações não se destinam a servir aos interesses materiais: sua utilidade está nas conseqüências morais delas decorrentes. Mas, ainda que não tivessem outro resultado além do de dar a conhecer uma nova lei da natureza e de demonstrar materialmente a existência da alma e a sua imortalidade, já seria muito, porque isto só constituiria um novo e largo campo aberto à filosofia.

DOS MÉDIUNS

54. Apresentam os médiuns grande variedade de aptidões, as quais os tornam mais ou menos apropriados à obtenção de tal ou qual fenômeno, de tal ou qual gênero de comunicações. Conforme suas aptidões, distinguem-se os médiuns *para efeitos físicos, para comunicações inteligentes, videntes, falantes, auditivos, sensitivos, desenhistas, poliglotas, poetas, músicos, escreventes,* etc. Não pode esperar-se de um médium aquilo que exorbita de sua faculdade. Sem o conhecimento das aptidões mediúnicas, não pode o observador dar-se conta de certas dificuldades ou de certas impossibilidades, que se encontram na prática. (O LIVRO DOS MÉDIUNS, Cap. 16, n. 185.)

55. Os médiuns de efeitos físicos são mais particularmente aptos para os fenômenos materiais, tais como movimentos, gol-

pes, etc., com o auxílio de mesa e outros objetos. Quando estes fenômenos revelam um pensamento ou obedecem a uma vontade, são efeitos inteligentes que indicarão, por isso mesmo, uma causa inteligente. Esta é uma das maneiras por que se manifestam os Espíritos. Por meio de um número convencionado de batidas, obtém-se a resposta *sim* ou *não*, ou a indicação das letras do alfabeto, as quais servem para formar palavras e frases. Este meio primitivo é muito lento e não se presta a comunicações extensas. As mesas falantes foram o *a, b, c* da ciência. Hoje possuímos meios de comunicações tão rápidos e tão completos como os que nos servem para nos comunicarmos com os vivos. De modo que, só acidentalmente, e como experimentação, é empregado o sistema das mesas.

56. De todos os meios de comunicação é a escrita, ao mesmo tempo, o mais simples, o mais rápido, o mais cômodo, aquele que permite maior extensão e é, também, a faculdade mais encontradiça entre os médiuns.

57. Para a obtenção da escrita a princípio foram empregados materiais intermediários, tais como cestas, pranchetas, etc., às quais era adaptado um lápis. (O LIVRO DOS MÉDIUNS, Cap. XIII, n. 152 e seguintes.) Mais tarde foi reconhecida a inutilidade desses acessórios e a possibilidade do médium escrever diretamente com a mão, como nas condições ordinárias.

58. O médium escreve sob a influência dos Espíritos, que dele se servem como de um instrumento. Sua mão é impelida para um movimento involuntário, que amiúde não pode dominar. Certos médiuns não têm consciência do que escrevem; outros a têm mais ou menos vaga, posto que as idéias lhes sejam estranhas. É isto o que distingue os *médiuns mecânicos* dos *intuitivos* e *semimecânicos*. Explica a ciência espírita o modo como se transmite o pensamento do Espírito ao médium e o papel deste último nas comunicações. (O LIVRO DOS MÉDIUNS, Cap. XIX, n. 223 e seguintes.)

59. O médium possui apenas a faculdade de comunicar; a comunicação propriamente dita depende da vontade dos Espíritos. Se estes não se querem manifestar, o médium nada obtém. É como um instrumento de música sem o executante.

Como os Espíritos só se comunicam quando querem, ou quando podem, não estão sujeitos à vontade de ninguém. Ne-

131

nhum médium tem o poder de os fazer vir a sua vontade e contra a vontade daqueles. Isto explica a intermitência da faculdade dos melhores médiuns e as interrupções que experimentam, às vezes, durante meses.

Não há motivo, pois, para assimilar a mediunidade a uma *habilidade*. Esta se adquire com o trabalho; aquele que a possui é sempre senhor dela: o médium nunca o é de sua faculdade, porque o exercício desta depende sempre de uma vontade estranha.

60. Quando os médiuns de efeitos físicos obtêm a produção de certos fenômenos com regularidade à sua vontade, é que se avêm com Espíritos de baixa categoria, que se comprazem nesta espécie de exibição, a que, talvez, se houvessem dedicado durante a vida material. Seria, entretanto, absurdo crer que Espíritos algo elevados se divertissem em dar espetáculos.

61. A obscuridade necessária à produção de certos efeitos físicos indubitavelmente dá lugar a suspeitas: mas nada prova contra a realidade. Sabe-se que em química não é possível operar certas combinações em plena luz; e que sob a ação de um fluido luminoso se verificam composições e decomposições. Pois bem: os fenômenos espíritas resultam da combinação de fluidos próprios do Espírito, com os do médium; sendo esses fluidos materiais, nada há de surpreendente que, em certos casos, o fluido luminoso seja contrário a essa combinação.

62. As comunicações inteligentes também se dão por meio da ação fluídica do Espírito sobre o médium; e é necessário que os seus fluidos se identifiquem. A facilidade das comunicações depende do grau de *afinidade* existente entre os fluidos. Assim, cada médium é mais ou menos apto para receber a *impressão* ou a *impulsão* do pensamento de tal ou qual Espírito. Pode ser bom instrumento para uns e mau para outros. Disso resulta que de dois médiuns igualmente bem dotados, e postos um ao lado do outro, o Espírito poderá manifestar-se por este e não por aquele.

63. Assim é um erro pensar que basta ser médium para receber com igual facilidade comunicações de qualquer Espírito. Não existem médiuns universais para as evocações, como não os há para a produção de todos os fenômenos. Os Espí-

ritos buscam de preferência os instrumentos com os quais vibram em uníssono. Impor-lhe o primeiro que se tenha à mão seria como se se exigisse de um pianista que tocasse violino, pela simples razão de que, sabendo música, deve tocar todos os instrumentos.

64. Sem a harmonia, que pode produzir a assimilação fluídica, as comunicações são impossíveis, incompletas, ou falsas. Podem ser falsas porque, em falta do Espírito desejado, não faltam outros dispostos a aproveitar a ocasião de manifestar-se e aos quais pouco se lhes dá de falar a verdade.

65. Às vezes a assimilação fluídica é absolutamente impossível entre certos Espíritos e certos médiuns; outras vezes — e este é o caso mais comum — só se estabelece gradativamente, e com o tempo. Isto explica por que motivo os Espíritos habituados a manifestar-se por um médium o fazem com mais facilidade: é que as primeiras comunicações quase sempre patenteiam um certo mal-estar e são menos claras.

66. A assimilação fluídica é tão necessária nas comunicações pela tiptologia como nas pela escrita, por isso que, tanto num caso quanto no outro, trata-se da transmissão do pensamento do Espírito — seja qual for o meio material empregado.

67. Não se podendo impor um médium ao Espírito que se deseja evocar, convém deixar a este a escolha do instrumento. Em todo caso, é necessário que o médium se identifique previamente com o Espírito, através do recolhimento e da oração, ao menos durante alguns minutos e, até, com maior antecipação, se possível, a fim de provocar e ativar a assimilação fluídica. É este um meio de atenuar a dificuldade.

68. Quando as condições fluídicas não são propícias à comunicação direta com o médium, pode estabelecer-se por mediação do guia espiritual do médium. Neste caso o pensamento lhe chega de segunda mão, isto é, depois de haver atravessado dois meios. Compreende-se, então, quanto importa que o médium seja bem assistido. Porque se o estiver por um Espírito obsessor, ignorante e orgulhoso, a comunicação será necessariamente adulterada.

Nisto as qualidades pessoais do médium desempenham um papel importante, pela natureza dos Espíritos que atrair. Os médiuns mais indignos podem ter poderosas faculdades; os

133

mais seguros, entretanto, são os que aliam a esta força as melhores simpatias no mundo espiritual. Estas simpatias *de modo algum se acham garantidas* pelos nomes, mais ou menos respeitáveis dos Espíritos, ou dos nomes que tomam os que assinam as comunicações — mas pela natureza *constantemente* boa dos que as recebem.

69. Qualquer que seja a classe de comunicação, a prática do Espiritismo, sob o ponto de vista experimental, oferece numerosas dificuldades e não se acha isenta de inconvenientes, para o que é necessária a experiência. Quer alguém experimente, quer seja mero observador, o essencial é saber distinguir a natureza dos Espíritos que podem manifestar-se, conhecer a causa de todos os fenômenos, as condições em que podem produzir-se e os obstáculos que se lhes podem opor; assim, ninguém pedirá o impossível. Não é menos necessário conhecer todas as condições e os escolhos da mediunidade, a influência do médium, das disposições normais, etc. (O LIVRO DOS MÉDIUNS, Segunda Parte.)

ESCOLHOS DOS MÉDIUNS

70. Um dos maiores escolhos da mediunidade é a *obsessão*, isto é, o domínio que podem exercer certos Espíritos sobre os médiuns, impondo-lhes com nomes apócrifos e impedindo-os de prestar à incorporação de outros Espíritos. É, ao mesmo tempo, um escolho para o observador noviço e inexperto que, não conhecendo as características desse fenômeno, pode ser enganado pelas aparências, do mesmo modo que aquele que, ignorando a medicina, pode ser enganado sobre a causa e a natureza do mal. Se, neste caso útil é ao observador o estudo antecipado, é até indispensável ao médium, porque lhe proporciona meios de prevenir um inconveniente que lhe poderia acarretar desagradáveis conseqüências. Por estas razões nunca será bastante recomendado o estudo, antes de entregar-se à prática. (O LIVRO DOS MÉDIUNS, Cap. XXIII.)

71. A obsessão apresenta três graus bem característicos: a *obsessão simples,* a *fascinação* e a *possessão*. Na primeira o médium tem perfeita consciência de que nada obtém de bom; não alimenta qualquer ilusão com respeito ao Espírito que se

obstina em manifestar-se e do qual deseja libertar-se. Este caso nenhuma gravidade oferece: é um simples contratempo e o médium fica livre no momento em que deixa de escrever. Cansado de não ser atendido, o Espírito acaba por se retirar.

A *fascinação obsessional* é muito mais grave, porque o médium fica completamente fascinado. O Espírito que o domina empolga a sua confiança até paralisar o seu próprio raciocínio a respeito das comunicações e descobrir sublimidades nas coisas mais absurdas.

O caráter distintivo deste gênero de obsessão é o de provocar no médium uma excessiva susceptibilidade, fazendo-o não aceitar como bom, justo e verdadeiro senão aquilo que escreve e repelir, e até tomar por mau, todo conselho ou observação crítica. Induzi-lo, também, a malquistar-se com os amigos antes que concordar que esteja sendo enganado; a ter ciúmes dos outros médiuns, cujas comunicações são julgadas melhores que as suas; a querer impor-se nas reuniões espíritas, delas se afastando quando não pode dominar. Chega, enfim, a sofrer uma dominação até que o Espírito pode arrastá-lo às mais ridículas e comprometedoras determinações.

72. Um dos caracteres distintivos dos maus Espíritos é o de impor-se. Dão ordens e querem ser obedecidos. Os bons não se impõem nunca: dão conselhos, e se não são escutados, retiram-se. Disto resulta que a impressão dos maus Espíritos é quase sempre penosa: afadiga e causa uma espécie de mal-estar; amiúde provoca uma agitação febril, movimentos bruscos e desenfreados. A dos bons Espíritos, ao contrário, é agradável e produz um verdadeiro bem-estar.

73. A *subjugação obsessional*, outrora chamada *possessão*, é uma coação física produzida sempre por Espíritos da pior espécie e que pode, até, neutralizar o livre-arbítrio. Amiúde se limita a simples impressões desagradáveis; às vezes, porém, provoca movimentos desordenados, até de insensatez, gritos, palavras incoerentes e injuriosas, cujo ridículo por vezes se dá conta, posto que não possa evitar aquele que é vítima de semelhante situação. Este estado difere essencialmente da *loucura patológica*, com o qual se confunde sem motivo, porque não apresenta nenhuma lesão orgânica. E, de vez que a causa é diversa, diversos devem ser os meios de cura. Apli-

cando-se-lhe o processo ordinário das duchas e do tratamento físico freqüentemente se chega a transformar em loucura verdadeira aquilo que era uma causa moral.

74. Na loucura propriamente dita a causa do mal é interna. É, pois, necessário estabelecer o estado normal do organismo. Na *subjugação* a causa é externa e é necessário libertar o enfermo de um inimigo invisível, opondo-lhe não remédios, *mas uma força moral superior à sua*. Prova a experiência que em semelhantes casos nenhum efeito produziram os exorcismos — ao contrário, agravaram a situação. Indicando a verdadeira causa do mal, só o Espiritismo pode oferecer os meios de o combater. De certo modo é necessário educar moralmente o Espírito obsessor e, por conselhos sabiamente dirigidos, consegue-se torná-lo melhor e fazê-lo voluntariamente renunciar a atormentar o enfermo, que, então, fica livre. (O LIVRO DOS MÉDIUNS, n. 279.)

75. De ordinário a subjugação obsessional é individual. Quando, porém, uma porção de Espíritos caem sobre uma população, pode assumir um caráter epidêmico. Um fenômeno desta natureza ocorreu nos tempos do Cristo. Somente uma grande superioridade moral poderia abater aqueles seres malfeitores, então designados pelo nome de *demônios,* e restabelecer a calma das vítimas ([16]).

76. Um fato importante, que devemos considerar, é que a obsessão é independente da mediunidade e é encontrada em todos os graus, principalmente no último, numa porção de indivíduos que jamais ouviram falar de Espiritismo. Com efeito, havendo existido Espíritos em todos os tempos, em todos os tempos devem ter exercido a mesma influência. A mediunidade

---

([16]) Uma epidemia semelhante ocorreu durante anos, na localidade de Morzine, na Alta Sabóia, França. *Allan Kardec* tratou extensivamente do caso na REVUE SPIRITE, números de dezembro de 1862 e janeiro, fevereiro, abril e maio de 1863, sob o título de *Études sur les Possédés de Morzine*. Encontro naquela revista duas grafias para a citada localidade: *Morzine* e *Morzines*. Verifico, entretanto, que em toda a França só uma aldeia existe com este nome: é *Morzine* (no singular), na Alta Sabóia, sobre a *Dranse,* a 34 km de Thonon. A discrepância deve ser, pois, simples falha da revisão. N. do T.

não é a causa, mas um modo de manifestação daquela, pelo que pode dizer-se, com certeza, que todo médium obsediado deve ter sofrido de algum modo, e amiúde, nos atos mais vulgares da vida, os resultados desta influência; e que, se não fosse a mediunidade, eles se traduziriam por outros efeitos, freqüentemente atribuídos a essas enfermidades mentirosas, que resistem a todas as investigações da medicina. Pela mediunidade o Espírito malfeitor descobre a sua presença; sem a mediunidade é um inimigo oculto, do qual não suspeitam.

77. Aqueles que nada admitem fora da matéria não podem admitir as causas ocultas. Quando, porém, a ciência houver saído da via materialista, reconhecerá na ação do mundo invisível que nos rodeia e em meio do qual vivemos, uma força que age sobre as coisas físicas e sobre as coisas morais. Este será um novo caminho aberto ao progresso e a chave de uma porção de fenômenos mal compreendidos.

78. Como a obsessão nunca pode ser produzida por um bom Espírito, ponto essencial é saber conhecer a natureza daqueles que se apresentam. O médium não instruído pode ser enganado pelas aparências; o que está prevenido observa os menores indícios suspeitos e o Espírito acaba por afastar-se, quando vê que nada consegue. É, pois, indispensável que ao médium que não deseja expor-se a ser apanhado, um conhecimento prévio dos meios de distinguir entre os bons Espíritos e os maus. Não o é menos para o simples observador, o qual pode, assim, aquilatar o valor daquilo que vê e ouve. (O LIVRO DOS MÉDIUNS, Cap. XXIV.)

QUALIDADES DOS MÉDIUNS

79. A faculdade mediúnica é inerente do organismo e independe das qualidades morais do médium. Assim, encontramo-la desenvolvida nas mais indignas criaturas, como nas mais dignas. O mesmo não se dá com a preferência dada aos médiuns pelos bons Espíritos.

80. Os bons Espíritos se comunicam mais ou menos voluntariamente por tal ou qual médium, conforme a simpatia que por ele sentem. O que constitui a qualidade de um médium

não é a facilidade com que recebe as comunicações, mas sua aptidão para não receber senão as boas e de se não tornar joguete de Espíritos levianos e mentirosos.

81. Os médiuns que muito deixam a desejar sob esse ponto de vista moral, às vezes recebem comunicações muito boas, que só de bons Espíritos podem vir e que sem motivo maravilham a algumas pessoas; é que amiúde elas são de interesse para o médium e lhes valem por sábias advertências. Se o médium não as aproveita, aumenta a sua culpabilidade, porque escreve a própria condenação. Deus, cuja bondade é infinita, não pode negar assistência aos que dela mais necessitam. O virtuoso missionário que vai moralizar os criminosos faz o mesmo que com os médiuns imperfeitos fazem os bons Espíritos.

Por outro lado, querendo dar a todos um ensino útil, os bons Espíritos se servem do instrumento que lhes cai às mãos; mas o abandonam quando encontram outro que lhes é mais simpático e que lhes aproveita as lições. Retirando-se os bons Espíritos, os inferiores, pouco cuidadosos das qualidades morais, que o incomodam, encontram livre o campo.

Disso resulta que os médiuns moralmente imperfeitos e que se não emendam, mais cedo ou mais tarde são vítimas dos maus Espíritos, que amiúde os conduzem à ruína e às maiores desgraças, ainda neste mundo. Quanto à sua faculdade, de bela que era e que poderia ter continuado a ser, se perverte, a princípio pelo abandono dos bons Espíritos e depois, extinguindo-se.

82. Os médiuns de maiores méritos não se acham ao abrigo das mistificações dos Espíritos mentirosos, porque ninguém existe suficientemente perfeito e sem um ponto vulnerável e isento de dar acesso aos maus Espíritos; e, em segundo lugar, porque os bons Espíritos às vezes o permitem, a fim de que exercitem o raciocínio, aprendam a discernir a verdade do erro e a manter a desconfiança, a fim de que não aceitem coisa alguma cegamente e sem provas. Nunca, porém, procede a mentira de um bom Espírito; e todo nome respeitável subscrevendo um erro, é necessariamente apócrifo.

Pode também ser tal acidente uma prova da paciência e da perseverança do espírita, médium ou não. Aquele que desanimasse ante alguns reveses provaria aos bons Espíritos que não devem contar com ele.

83. Não é mais surpreendente ver maus Espíritos obsediando pessoas honestas, de vez que vemos criaturas malévolas perseguindo a homens de bem.

É de notar que desde a publicação de O LIVRO DOS MÉDIUNS os obsediados são muito menos numerosos, porque estão prevenidos, mantêm-se em guarda e observam os mais insignificantes sinais, que podem revelar a presença de um Espírito mentiroso. A maior parte dos que o estão ou não o estudaram previamente, ou não souberam aproveitar os conselhos.

84. O que constitui o médium, propriamente dito, é a faculdade; e, sob esse aspecto, pode estar mais ou menos formado, mais ou menos desenvolvido. O que constitui o *médium seguro*, o que realmente pode qualificar-se de *bom médium*, é a aplicação da faculdade, aptidão para poder servir de intérprete dos bons Espíritos. De lado o exercício da faculdade, a força do médium para atrair os bons Espíritos e repelir os maus está na razão direta de sua superioridade moral. Esta superioridade é proporcional à soma de qualidades que constituem o homem de bem. Deste modo concilia a simpatia dos bons e exerce um ascendente sobre os maus.

85. Pela mesma razão, aproximando-se da natureza dos maus Espíritos, a soma de imperfeições morais do médium lhe tira a influência necessária para os afastar. *Em vez de ser o médium que a eles se impõe, são eles que se impõem ao médium.* Isto, entretanto, não se aplica exclusivamente aos médiuns, mas a qualquer pessoa, porque ninguém deixa de receber a influência dos Espíritos. (Vide n. 74 e 75.)

86. Para impor-se aos médiuns, sabem os maus Espíritos explorar com habilidade todas as imperfeições morais; e destas, a que lhe é mais favorável é o *orgulho*. Por isto é o sentimento que domina na maioria dos médiuns obsediados e, sobretudo, nos que se acham fascinados. Fá-los o orgulho acreditar na sua infalibilidade e repelir as advertências. Infelizmente esse sentimento é excitado pelos elogios de que os médiuns são objeto. Quando possuem uma faculdade algo notável, são

procurados, adulados e acabam crendo na sua importância e se julgando indispensáveis. E se perdem.

87. Enquanto o médium imperfeito se orgulha de nomes ilustres, mas apócrifos, que as mais das vezes ilustram as suas comunicações, julgando-se intérprete privilegiado dos poderes celestes, o *bom médium* nunca se julga digno de semelhante favor. Abriga sempre uma saudável desconfiança daquilo que obtém e nunca emite a sua própria opinião; não sendo mais que um instrumento passivo, compreende que se é boa a comunicação, nisto não tem mérito pessoal, como não pode ser responsável pelas más que receba; e que seria ridículo discutir a absoluta identidade dos Espíritos que se manifestam. Deixa que terceiras pessoas desinteressadas julguem o assunto, sem que o seu amor-próprio se ressinta por um julgamento desfavorável, do mesmo modo que o ator pela crítica feita à peça que representa. Seu caráter distintivo é a simplicidade e a moralidade. Considera a faculdade que possui uma felicidade, não para se envaidecer, mas porque se lhe oferece um meio de ser útil, o que faz voluntariamente, quando as ocasiões se apresentem, sem se magoar porque lhe não fazem tomar o primeiro lugar.

Os médiuns são intermediários e intérpretes dos Espíritos. Importa, pois, que o evocador, bem como o simples assistente, possa apreciar o mérito do instrumento.

88. A faculdade mediúnica é um dom de Deus, como todas as outras faculdades que podem ser empregadas para o bem e para o mal das quais é possível abusar-se. Tem por objetivo pôr-nos em direta comunicação com as almas dos que viveram, a fim de receber os seus ensinos e nos iniciar na vida futura. Assim como a visão nos põe em comunicação com o mundo visível, a mediunidade nos põe em contato com o invisível. Aquele que dela se serve de modo útil, para o próprio adiantamento e o de seus semelhantes, cumpre uma verdadeira missão, pela qual receberá a recompensa. Aquele que dela abusa, empregando-a em coisas fúteis ou de seu interesse material, a desvia de seu objetivo providencial e sofre, mais cedo ou mais tarde, o respectivo castigo, do mesmo modo que emprega mal qualquer outra faculdade.

CHARLATANISMO

89. Com muita facilidade certas manifestações espíritas se prestam à imitação. Seria, porém, absurdo deduzir que aquelas não existem, pelo fato de que podem ser exploradas, como tantos outros fenômenos, pelo charlatanismo e pela prestidigitação. Para aquele que estudou e conhece as condições morais em que podem produzir-se, fácil é distinguir a imitação da realidade. Além disso, a imitação não chega a ser completa e só aos ignorantes pode enganar, pois que estes são incapazes de apreciar os matizes característicos do fenômeno verdadeiro.

90. As manifestações que mais facilmente podem ser imitadas são certos efeitos físicos e os efeitos inteligentes vulgares, tais como os movimentos, as pancadas, os *transportes,* a escrita direta, as respostas vulgares, etc. Já o mesmo não acontece com as comunicações inteligentes transcendentais. Para imitar as primeiras basta a destreza; para simular as outras quase sempre seriam necessárias uma instrução pouco comum, uma superioridade intelectual nada vulgar e uma faculdade de improvisação por assim dizer universal.

91. Os que não conhecem o Espiritismo geralmente se inclinam a suspeitar dos médiuns. O estudo e a experiência dão meios de assegurar-se da realidade dos fatos e as melhores garantias que podem encontrar são o absoluto desinteresse e a honradez do médium. Pessoas há que, por sua posição e pelo caráter, estão acima de qualquer suspeita. Se o interesse de lucro pode excitar à fraude, diz o senso comum que o charlatanismo nada produz quando não se trata de ganhar. (O LIVRO DOS MÉDIUNS, Cap. XXVII. — REVUE SPIRITE, Fev., 1862, pág. 52.)

92. Entre os adeptos do Espiritismo encontram-se entusiastas exaltados, como em tudo o mais; em geral são os piores propagandistas, porque desconfiam de sua facilidade em tudo aceitar sem um exame meticuloso. O espírita ilustrado foge do entusiasmo que cega e tudo observa calma e friamente. É este o meio de se não converter em joguete das ilusões e dos mistificadores. Pondo de lado a questão da boa-fé, deve o observador novato considerar a gravidade das pessoas a quem se dirige.

IDENTIDADE DOS ESPÍRITOS

93. Desde que entre os Espíritos se encontram todas as fases da humanidade, também se acham a astúcia e a mentira; uns há que não têm o menor escrúpulo em tomar os mais respeitáveis nomes, a fim de inspirar maior confiança. É, pois, necessário guardar-se de crer de modo absoluto na autenticidade de todas as assinaturas.

94. Uma das grandes dificuldades do espiritismo prático é a identidade. Amiúde é impossível evidenciá-lo, sobretudo quando se trata de Espíritos superiores e antigos, em relação a nossa época. Entre os que se manifestam, muitos não têm nome para nós; e, a fim de fixar as nossas idéias, podem tomar o de um Espírito conhecido e pertencente à mesma categoria. De modo que se um Espírito comunicar-se com o nome de São Pedro, por exemplo, nada prova que seja precisamente o Apóstolo desse nome: tanto pode ser ele, quanto um Espírito da mesma ordem, ou um enviado seu.

A questão da identidade é, neste caso, perfeitamente secundária; e seria pueril atribuir-lhe maior importância. O que importa é a natureza do ensino. É boa ou má? digna ou indigna do personagem cujo nome leva? este a subscreveria ou a impugnaria? Eis aí toda a questão.

95. A identidade é mais fácil de evidenciar quando se trata de Espíritos contemporâneos, cujo caráter e costumes são conhecidos. Pelos costumes e particularidades da vida privada revela-se a identidade de modo mais seguro e amiúde de modo incontestável. Quando se evoca um parente ou um amigo, o que interessa é a personalidade; e é muito natural que se procure patenteá-la. Mas os meios geralmente empregados para tal fim por aqueles que só imperfeitamente conhecem o Espiritismo são insuficientes e podem induzir em erro.

96. O Espírito revela a sua identidade por uma porção de circunstâncias que se encontram nas comunicações, nas quais se refletem os seus hábitos, o seu caráter, a sua linguagem e, até, expressões familiares. Revela-se, também, em pormenores íntimos, nos quais entra *espontaneamente* com as pessoas a quem estima. Estas são as melhores provas. Mas é raro que respondam a perguntas diretas que lhes são dirigidas

acerca desses particulares, sobretudo quando feitas por pessoas que lhe são indiferentes, e que o fazem por curiosidade e para tirar provas. O Espírito prova a sua curiosidade como quer e como pode, conforme a faculdade de seu intérprete; e amiúde as provas são abundantes. A falta está em querermos que as dê à vontade do evocador. Então resiste em submeter-se a tais exigências. (O LIVRO DO MÉDIUNS, Cap. XXIV — *Identidade dos Espíritos,* REVUE SPIRITE, Fev. 1862, pág. 82, *Fait d'identité.*)

CONTRADIÇÕES

97. As contradições com freqüência notadas na linguagem dos Espíritos só surpreendem aos que da ciência espírita têm um conhecimento incompleto: porque são conseqüência da natureza mesmas dos Espíritos que, como temos dito, só sabem as coisas em razão de seu adiantamento e alguns sabem muito menos que certos homens. Sobre grande número de pontos não podem emitir mais que uma opinião pessoal, a qual pode estar mais ou menos certa, como pode conservar reflexos das preocupações terrenas, das quais se não achem ainda despojados. Outros forjam sistemas à vontade, sobre coisas que ainda ignoram, principalmente no que concerne às questões científicas e à origem das coisas. Não é, pois, nada surpreendente que nem sempre estejam de acordo.

98. Alguns se surpreendem ao ver comunicações contraditórias, firmadas com o mesmo nome. Só os Espíritos inferiores podem, conforme as circunstâncias, falar contraditoriamente. Os Espíritos superiores jamais se contradizem. Por pouco iniciado que se esteja nos segredos do mundo espiritual, qualquer um sabe a facilidade com que certos Espíritos se adornam com nomes respeitáveis, a fim de dar crédito às suas palavras. E certamente pode induzir-se de que duas comunicações contraditórias, *no fundo do pensamento* e firmadas pelo mesmo nome respeitável, uma é indubitavelmente apócrifa.

99. Dois meios podem servir para a fixação das idéias sobre as questões duvidosas. O primeiro consiste em submeter todas as comunicações ao julgamento severo da razão, do senso-comum e da lógica; é esta uma recomendação feita por todos os bons Espíritos e que evitam fazê-la os mentirosos, por-

que sabem perfeitamente que um exame sério os prejudicaria, e, por isso, evitam a discussão e querem ser acreditados sem objeções.

O segundo critério da verdade é a corcordância do ensino. Quando o mesmo princípio é ensinado em muitos pontos, por diversos Espíritos e através de médiuns estranhos uns aos outros, e que se não acham sob as mesmas influências, pode deduzir-se que é mais certo que o que emana uma origem única e é contraditado pela maioria. (O LIVRO DOS MÉDIUNS, Cap. XX — *Das Contradições e das Mistificações.* — O EVANGELHO SEGUNDO O ESPIRITISMO, Introdução, *Autoridade da Doutrina Espírita.* REVUE SPIRITE, Abr. de 1864, pág. 99.)

CONSEQÜÊNCIAS DO ESPIRITISMO

100. À vista da incerteza das revelações feitas pelos Espíritos, pergunta-se: para que serve o estudo do Espiritismo?

Ele evidencia a existência do mundo espiritual, constituído pelas almas dos que viveram, do que resulta a prova da existência da alma e de sua sobrevivência ao corpo.

As almas que se manifestam revelam os seus gozos e os seus sofrimentos, conforme a maneira por que empregaram a vida terrena, disto resultando a prova das penas e recompensas futuras.

As almas ou Espíritos, descobrindo seu estado ou situação, retificam as idéias falsas que tínhamos sobre a vida futura, principalmente sobre a duração e a natureza das penas.

Passando a vida futura do estado de teoria, vaga e incerta, para o fato observado e positivo, impõe a necessidade de trabalhar o mais que for possível durante a presente existência, que é de curta duração, em proveito da vida futura, que é indefinida.

Suponhamos que um homem de vinte anos tenha a certeza de morrer aos vinte e cinco. Que faria durante esses cinco anos? Trabalhará para o futuro? Certamente não: procurará gozar o mais que puder, considerando tolice impor-se trabalho e privações sem objetivo. Se, porém, tiver a certeza de que viverá oitenta anos, procederá de outro modo; porque compreenderá a necessidade de sacrificar alguns instantes de repouso presente para assegurar-se o repouso futuro, durante largos anos. O mesmo se dá com aquele para quem a vida futura é uma realidade.

A dúvida relativa à vida futura conduz naturalmente a sacrificar tudo aos prazeres do presente. Daí a excessiva importância dada aos bens materiais, que tanto excitam a cobiça, a inveja e os ciúmes dos que pouco têm, contra os que têm muito. Da cobiça ao desejo de adquirir, a qualquer preço, aquilo que possui o vizinho, há apenas um passo. Disso resultam os ódios, as querelas, os processos, as guerras e todos os males engendrados pelo egoísmo.

Na dúvida acerca do futuro, o homem, oprimido nesta vida pelo pesar e pelo infortúnio, só na morte vê um termo aos seus padecimentos e, nada esperando, acha razoável abreviá-los por meio do suicídio.

Sem esperança no futuro, muito natural é que o homem sofra e desespere com os desenganos que experimenta. Os violentos abalos que sofre produzem uma perturbação em seu cérebro, causando o maior número de casos de loucura.

Sem a vida futura, a presente existência é para o homem a mais importante, o único objeto de suas preocupações e a ela tudo refere. Quer gozar a qualquer preço, não só os bens materiais, como também as honras; aspira brilhar, elevar-se sobre os outros, eclipsar os vizinhos pelo fausto e pela posição social. Daí a desordenada ambição e a importância que dá aos títulos e às futilidades da vaidade, às quais sacrifica até a própria honra, porque nada mais enxerga além disto.

A certeza da vida futura e de suas conseqüências muda completamente a ordem das idéias e faz ver as coisas sob outro aspecto. É a ruptura do véu que encobria um imenso e esplêndido horizonte. Ante o infinito e o grandioso da vida de além-túmulo, desaparece a vida terrena como um segundo diante dos séculos, como um grão de areia ante uma montanha. Tudo se torna pequeno, mesquinho e até nos admiramos da importância atribuída a coisas tão efêmeras e pueris. A calma, a tranqüilidade ante as ocorrências da vida já constituem uma felicidade, em comparação com os dissabores e os tormentos que nos causamos, dos quebra-cabeças que nos armamos, a fim de nos tornarmos superiores aos demais. Dá também a indiferença relativamente às vicissitudes e aos desenganos que, fechando a porta do desespero, afasta numerosos casos de loucura, e forçosamente apaga a idéia de suicídio. Certo do futuro, o homem espera e se resigna. Com a dúvida quanto a ele, perde a paciência, porque tudo espera do presente.

A prova pelo exemplo dos que viveram, de que a suprema felicidade futura está na razão direta do progresso moral realizado e do bem que se haja feito na Terra, e que a soma de sofrimentos está na razão direta dos vícios e das ações más, infunde a todos os que estão convencidos desta verdade uma tendência natural para fazer o bem e retirar-se do mal.

Quando, em sua maioria, os homens estiverem imbuídos desta idéia, não se prejudicarão reciprocamente, estabelecerão instituições sociais no bem de todos e não em proveito de alguns. Numa palavra, o bem triunfará do mal na Terra e os homens compreenderão que a lei da caridade ensinada pelo Cristo é a origem da felicidade neste mundo, e basearão as leis civis na caridade.

A evidência do mundo espiritual, que nos rodeia, e a de sua ação sobre o mundo físico é a revelação de uma das forças da natureza e, por conseguinte, a chave de uma porção de fenômenos não compreendidos, tanto na ordem física, quanto na ordem moral.

Quando a ciência levar em conta esta nova força desconhecida até agora, retificará um sem-número de erros provenientes de atribuir-se tudo a uma causa única — a matéria. O reconhecimento desta nova causa dos fenômenos da natureza será uma alavanca do progresso e produzirá o efeito do descobrimento de todo agente novo. Com o auxílio da luz espírita dilatar-se-ão os horizontes da ciência, como se dilataram graças ao auxílio da lei da gravitação.

Quando os sábios proclamarem de suas cátedras a existência do mundo espiritual e sua ação nos fenômenos da vida, infiltrarão na juventude o contra-veneno das idéias materialistas, em vez da predisposição para a negação do futuro.

Nas lições de filosofia clássica ensinam os professores a existência da alma e seus atributos conforme as várias escolas, mas não apresentam as provas materiais. Não é de estranhar que quando tais provas são obtidas eles as repilam e as qualifiquem de superstições? Não equivale isto a dizer aos seus discípulos: Nós ensinamos a existência da alma, mas nada o prova? Quando um cientista admite uma hipótese sobre um ponto de ciência, investiga com solicitude e acolhe com alegria o fato que pode substituir a hipótese pela verdade. Como, pois, o professor de filosofia, cujo dever é provar aos seus discípulos que têm uma alma, trata com desdém os meios de lhes dar a sua demonstração patente?

101. Supondo, ainda, que os Espíritos sejam incapazes de nos ensinar coisa alguma que não saibamos ou que não possamos saber por nós mesmos, é de ver que a só evidenciação da existência do mundo espiritual conduz forçosamente a uma revolução de idéias e esta revolução produz, necessariamente, uma outra na ordem das coisas: será o fruto do Espiritismo.

102. Fazem, porém, os Espíritos algo mais. Se é certo que as suas revelações estão rodeadas de algumas dificuldades; se é verdade que existem minuciosas precauções para se poder afirmar a sua exatidão, não é menos verdade que os Espíritos adiantados, quando interrogados e quando lhes é permitido revelar-nos fatos ignorados, dão-nos a explicação de coisas não compreendidas e nos põem no caminho de um progresso mais rápido. Neste ponto, sobretudo, é indispensável o estudo completo e minucioso da ciência espírita, a fim de lhe pedir aquilo que nos pode dar e de modo que nos possa ser dado. Fora destes limites, expomo-nos a ser enganados.

103. As menores causas podem produzir os maiores efeitos. Assim como de um grão pode sair uma árvore imensa, como a queda de uma maçã permitiu a descoberta da lei que rege o equilíbrio dos mundos; como uma rã, saltando num prato revelou a força galvânica, assim também o fenômeno vulgar das mesas girantes deu a prova do mundo invisível. E desta prova, a doutrina que em alguns anos deu a volta ao mundo e pode regenerá-lo, pela só demonstração da realidade da vida futura.

104. Pouco ensina o Espiritismo em relação a verdades novas, em virtude de nada haver de novo no mundo. Só são absolutas as verdades eternas: estão baseadas em leis da natureza,

147

as quais o Espiritismo ensina que devem ter existido de todo o sempre. Por isso em todas as épocas são encontrados os germes dessas verdades, que foram desenvolvidas por um estudo mais completo e por observações mais cuidadas. As verdades ensinadas pelo Espiritismo têm, pois, o caráter de conseqüências do que propriamente de descobertas.

O Espiritismo não descobriu nem inventou os Espíritos. Também não descobriu o mundo espiritual, no qual se acreditou em todos os tempos. Limita-se a prová-lo com os fatos materiais e o apresenta sob o seu verdadeiro aspecto, limpando-o de preocupações e de idéias supersticiosas, que engendram a dúvida e a incredulidade.

NOTA — Estas explicações, por mais incompletas que sejam, são suficientes para demonstrar a base em que repousa o Espiritismo, o caráter das manifestações e o grau de confiança que, segundo as circunstâncias, podem inspirar.

CAPÍTULO III

SOLUÇÃO DE ALGUNS PROBLEMAS POR MEIO DA DOUTRINA ESPÍRITA

PLURALIDADE DOS MUNDOS

105. "Os diversos mundos que circulam no espaço estarão povoados de habitantes como a Terra?"

— Todos os Espíritos o afirmam e a razão diz que assim deve ser. A Terra não ocupa no universo nenhum lugar especial por sua posição, ou por seu volume. Nada justificaria o privilégio exclusivo de ser habitada. Por outro lado, não pode Deus haver criado esses milhões de globos apenas para agradar aos nossos olhos, tanto mais quanto a maioria deles escapa às nossas vistas. (O LIVRO DOS ESPÍRITOS, n. 55 — C. Flammarion: "*A pluralidade dos mundos habitados.*)

106. "Se os mundos são habitados, podem sê-lo por criaturas em tudo semelhantes às da Terra? Numa palavra, poderiam esses habitantes viver entre nós e nós entre êles?"

— A forma geral poderá ser mais ou menos a mesma. O organismo, porém, terá que ser adaptado ao meio em que deve viver, assim como os peixes o são para a vida nas águas e as aves para a vida nos ares. Se o meio é diferente, como induz a supor, e como parece, o demonstram as observações astronômicas, a organização deve ser diferente. Assim, não é provável que em seu estado normal os de um mundo possam viver com os mesmos corpos em outros mundos. Isto é confirmado pelos Espíritos.

107. "Admitindo que esses mundos sejam habitados, ocupam eles, do ponto de vista intelectual e moral, a mesma posição que ocupa a Terra?"

— Conforme o ensino dos Espíritos, os mundos ocupam graus de progresso diversíssimos. Alguns se acham no mesmo nível em que está a Terra. Outros, mais atrasados, aí os ho-

151

mens são ainda mais brutais, mais materiais, mais inclinados ao mal. Outros, ao contrário, são moralmente mais adiantados, como o são intelectual e físicamente. Aí o mal moral é desconhecido, as artes e as ciências alcançaram um grau de perfeição que não podemos compreender; a organização física menos material, não está sujeita ao sofrimento, nem às enfermidades; os homens vivem em paz, sem se causarem prejuízos e desgostos, isentos das aflições e das necessidades materiais que os castigam na Terra. Outros, enfim, são muito mais adiantados, seu invólucro corpóreo é quase fluídico, o que os avizinha cada vez mais da natureza dos anjos. Na série progressiva dos mundos, a Terra nem ocupa o primeiro, nem o último lugar; mas é um dos mais materiais e dos menos adiantados. (REVUE SPIRITE, 1858, *Mar.*, pág. 67; *Abr.*, pág. 108; *Jul.*, *pág.* 223. —*Idem*, 1860; *Out.*, págs. 318-320. — O EVANGELHO SEGUNDO O ESPIRITISMO, Cap. III.)

A ALMA

108. "Onde reside a alma?"

— A alma não está localizada numa parte do corpo, como geralmente se pensa: forma com o perispírito um todo fluídico, penetrável, que se assimila a todo o corpo, com o qual constitui um ser complexo, e do qual, até certo ponto, a morte não passa de um desdobramento. Figuremos dois corpos semelhantes, interpenetrados, confundidos durante toda a vida e separados depois da morte. Morrendo, um é destruído e o outro persiste. Durante a vida a alma atua mais especialmente sobre os órgãos do pensamento e do sentimento. É, ao mesmo tempo, interna e externa, isto é: irradia no exterior; pode, até, isolar-se do corpo, transportar-se para longe dele e manifestar a sua presença, como o provam a observação e os fenômenos de sonambulismo.

109. "A alma é criada ao mesmo tempo que o corpo ou anteriormente?"

— Depois da existência da alma é esta uma das mais graves questões, porque de sua solução decorrem importantes conseqüências. É a chave para a solução de um grande número de problemas até agora insolúveis.

De duas uma: ou a alma existia ou não existia antes da formação do corpo. Não há meio termo. Admitida a preexistência da alma, tudo se explica logicamente, naturalmente. Não admitida, esbarramos a cada passo. Sem a preexistência é até impossível justificar certos dogmas da Igreja. E foi a impossibilidade de sua justificação que conduziu muita gente que raciocina à incredulidade.

Os Espíritos resolveram a questão afirmativamente; e os fatos, como a lógica, não permitem dúvidas a respeito. Admita-se, pois, a preexistência da alma, quando mais não seja, a título de hipótese, e ver-se-á como desaparecem as numerosas dificuldades.

110. "Se a alma é anterior, antes da união com o corpo era individual e tinha consciência própria?"

— Sem individualidade e sem consciência de si mesma seria o mesmo que se não existisse.

111. "Antes de unir-se ao corpo a alma realiza algum progresso ou permanece estacionária?"

— O progresso anterior da alma é, ao mesmo tempo, uma conseqüência da observação dos fatos e o ensino dos Espíritos.

112. "Deus criou as almas moral e intelectualmente iguais, ou fez umas mais inteligentes e mais perfeitas que outras?"

— Se Deus houvesse feito umas almas mais perfeitas que outras, tal preferência seria inconcebível com a sua justiça. Sendo suas todas as criaturas, por que haveria de livrar umas de trabalhos que a outras impõe, a fim de que cheguem à felicidade eterna? A desigualdade das almas em suas origens seria a negação da justiça divina.

113. "Se as almas são criadas iguais, como se explica a diversidade de aptidões e as naturais disposições que na Terra se notam entre os homens?"

— Esta diversidade é conseqüência do progresso que a alma já realizou, antes de unir-se ao corpo. As almas mais adiantadas em inteligência e moralidade são as que viveram mais e mais progrediram antes da reencarnação.

114. "Qual o estado da alma na sua origem?"

— As almas são criadas simples e ignorantes, isto é, sem ciência e sem conhecimento do bem e do mal, mas com igual disposição para tudo. Inicialmente se acham numa espécie de infância, sem vontade própria e sem perfeita consciência de sua existência. Pouco a pouco, entretanto, se desenvolve o livre-arbítrio e, com ele, também as idéias. (O LIVRO DOS ESPÍRITOS, n. 113 e seg.)

115. "A alma realizou o seu progresso anterior no estado de alma, propriamente dita, ou em precedente existência física?"

— Além dos ensinamentos dos Espíritos sobre este ponto, o estudo dos diversos graus de progresso do homem na Terra prova que o progresso anterior da alma deve ter sido realizado numa série de existências corporais, conforme o grau alcançado. A prova decorre da observação dos fatos que, em geral, temos sob os nossos olhos. (O LIVRO DOS ESPÍRITOS, n. 166 a 222 — REVUE SPIRITE, 1862, *Abr.*, págs. 97-166.)

O HOMEM DURANTE A VIDA TERRENA

116. "Como, e em que momento, se opera a união da alma com o corpo?"

— Desde a concepção o Espírito, posto que errante, se relaciona, por um laço fluídico, com o corpo ao qual deve unir-se. Esse laço se estreita cada vez mais, à medida que o corpo se desenvolve. Desde aquele momento o Espírito é preso de uma turbação, que aumenta incessantemente; ao aproximar-se o nascimento a turbação é completa: o Espírito perde a consciência de si mesmo e só gradativamente recobra as idéias, a partir do momento em que o menino respira. Então a união é completa e difinitiva.

117. "Qual o estado intelectual da alma da criança, no momento de nascer?"

— Seu estado intelectual e moral é o mesmo que antes da união com o corpo: isto é, a alma possui todas as idéias anteriormente adquiridas; mas, devido à turbação que acompanha a mudança, suas idéias ficam momentaneamente em estado latente. Aclaram-se pouco a pouco, mas não podem manifestar-se senão à medida que os órgãos se desenvolvem.

118. "Qual a origem das idéias inatas, das disposições precoces, das aptidões instintivas para uma arte ou para uma ciência, abstração feita de toda e qualquer instrução?"

— As idéias inatas podem ter apenas duas origens: a criação de umas almas mais perfeitas que outras, caso tivessem sido criadas ao mesmo tempo que o corpo, ou um progresso anterior, alcançado antes da união com o corpo. Sendo a primeira hipótese incompatível com a justiça divina, resta a segunda. As idéias inatas são resultado de conhecimentos adquiridos em existências pretéritas e que permaneceram em estado de intuição, a fim de servir de base à aquisição de novas idéias.

119. "Por que se revelam gênios nas classes sociais privadas de toda cultura intelectual?"

— Isto prova que as idéias inatas são independentes do meio em que é educado o homem. Meio e educação desenvolvem as idéias inatas — *mas não as criam*. O homem de gênio é a encarnação de um Espírito já adiantado e que muito havia progredido. Por isso a educação pode dar a instrução que falta — mas não o gênio, quando este não existe.

120. "Por que há crianças instintivamente boas num ambiente mau e apesar dos maus exemplos, ao passo que outras são instintivamente viciosas, apesar do ambiente bom e dos bons conselhos?"

— Isto é o resultado do progresso moral alcançado, como as idéias inatas o são do progresso intelectual.

121. "Por que de dois filhos dos mesmos pais, educados nas mesmas condições, um é inteligente e o outro estúpido? um, bom, e outro, mau? Por que o filho de um homem de gênio é, às vezes, inepto, e o de um inepto um homem de gênio?"

— Isto confirma a origem das idéias inatas; ademais, prova que a alma da criança de modo algum procede da de seus pais. Porque, em virtude do axioma que a parte é de igual natureza do todo, os pais transmitirão aos filhos as suas qualidades e os seus defeitos, assim como lhes transmitem o princípio das qualidades físicas. Na geração só o corpo procede do corpo: as almas são independentes umas das outras.

122. "Se as almas são independentes umas das outras, de onde provém o amor dos pais aos seus filhos, e reciprocamente?"

— Os Espíritos se reúnem por simpatia; o nascimento em tal ou qual família não é efeito do acaso: depende, as mais

155

das vezes, de uma escolha do Espírito, que se une àqueles a quem amou, no mundo dos Espíritos ou em existências pretéritas. Por outro lado, os pais têm a missão de ajudar o progresso dos Espíritos que se encarnam como seus filhos; e, para os assimilar, Deus lhes inspira um mútuo afeto, embora muitos se subtraiam à sua missão. Mas sofrerão as conseqüências. (O LIVRO DOS ESPÍRITOS, n. 379.)

123. "Por que há pais maus e filhos maus?"

— São Espíritos que não se uniram a uma família por simpatia, mas para servirem reciprocamente de prova e, muitas vezes, para expiação do que foram em precedente existência. A este foi dado um mau filho porque talvez tivesse sido um mau filho; a outro, um mau pai, porque terá sido um mau pai. Assim, sofrem a pena de Talião.

124. "Por que se encontram em pessoas nascidas em meio humilde instintos de dignidade e de grandeza, ao passo que outras, nascidas nas classes elevadas, têm baixos instintos?"

— É uma recordação intuitiva da posição social que tinham ocupado e do caráter que possuíam na anterior existência.

125. "Qual a causa das simpatias e antipatias entre pessoas que se vêem pela primeira vez?"

— Geralmente são pessoas que se conheceram e se amaram numa existência anterior e que, encontrando-se, se sentem mutuamente atraídas.

As antipatias também provêm de uma existência anterior.

Estes dois sentimentos podem ainda ter uma outra causa. O perispírito irradia em torno do corpo como que uma espécie de atmosfera impregnada das qualidades, boas ou más, do Espírito encarnado. Duas pessoas que se encontram experimentam ao contato dos fluidos, uma impressão ou sensitividade: esta impressão é agradável ou desagradável; os fluidos tendem a confundir-se ou a se repelir, conforme sua natureza seja ou não homogênea.

Assim se pode, também, explicar o fenômeno da transmissão do pensamento. Com o contato dos fluidos, duas almas lêem, por assim dizer, uma na outra. Adivinham-se e se entendem sem falar.

126. "Por que o homem não conserva a recordação das existências anteriores? Tal recordação não lhe seria necessária para o progresso futuro?"

— Veja-se o Capítulo I: *Esquecimento do Passado.*

127. "Qual a origem do sentimento chamado consciência?"

— É uma recordação intuitiva do progresso realizado em anteriores existências e das resoluções tomadas pelo Espírito antes da encarnação, resoluções que nem sempre teve a força suficiente para as levar a cabo como homem.

128. "Tem o homem o livre-arbítrio ou se acha submetido à fatalidade?"

— Se a conduta do homem fosse dependente da fatalidade, não teria ele nem responsabilidade pelo mal que fizesse, nem mérito pelo bem que praticasse. Em conseqüência, todo castigo seria injusto e toda recompensa um contra-senso. O livre-arbítrio é uma conseqüência da justiça divina e um atributo que lhe confere a sua dignidade e o eleva acima das demais criaturas. E tanto assim é que a estima que os homens têm uns para com os outros é uma conseqüência do livre-arbítrio. Aquele que o perde acidentalmente por enfermidade, loucura, embriaguez ou idiotia, ou é lastimado ou desprezado.

O materialista que faz dependerem todas as faculdades morais e intelectuais do organismo, reduz o homem à condição de máquina, sem livre-arbítrio e, conseguintemente, sem responsabilidade pelo mal que faz, nem mérito pelo bem que pratica. (REVUE SPIRITE, 1861, *Mar.*, pág. 76. — Ibid., 1862, *Mar.*, pág. 97.)

129. "Deus criou o mal?"

— Deus não criou o mal: estabeleceu leis e essas são sempre boas, porque Ele é soberanamente bom. Aquele que as observar fielmente será perfeitamente feliz. Como, porém, os Espíritos têm livre-arbítrio, nem sempre as obedeceu. E o mal que lhe advém é o resultado da violação destas leis.

130. "O homem nasceu bom ou mau?"

— Necessário é distinguir entre a alma e o homem. A alma foi criada simples e ignorante, isto é, nem boa nem má, mas susceptível em virtude de seu livre-arbítrio, de seguir o caminho do bem ou do mal, ou por outras palavras, obedecer ou infringir às leis de Deus. O homem nasce bom ou mau, conforme o Espírito encarnado nele é adiantado ou atrasado.

131. "Qual a origem do bem e do mal sobre a Terra? Por que existe mais mal do que bem?"

— A origem do mal sobre a Terra provém da imperfeição dos Espíritos nela encarnados; o predomínio do mal se origina do fato de que, sendo a Terra um mundo inferior, a maioria dos Espíritos que a habitam são inferiores ou progrediram pouco.

Nos mundos mais adiantados, nos quais só Espíritos depurados são admitidos à reencarnação, o mal é desconhecido, ou está em minoria.

132. "Qual a causa dos males que afligem a humanidade?"

— A Terra pode ser considerada, simultaneamente, um mundo de educação para Espíritos pouco adiantados e de expiação para Espíritos culpados. Os males da humanidade são a conseqüência da inferioridade moral da maioria dos Espíritos encarnados na Terra. Ao contato de seus vícios se fazem reciprocamente infelizes e se castigam uns aos outros.

133. "Por que em geral o mau prospera, enquanto o homem de bem é presa de todas as aflições?"

— Para aquele que só enxerga a vida presente, e que a considera única, isto se lhe afigura uma suprema injustiça. Já o mesmo não parece quando se considera a pluralidade de existências e a brevidade de cada uma em relação à eternidade. Prova o estudo do Espiritismo que a prosperidade do mau tem terríveis conseqüências nas existências futuras; que as aflições do homem de bem são, ao contrário, nas existências vindouras substituídas por uma felicidade tanto maior e duradoura quanto mais resignado tiver sido ao sofrer aquelas. A vida é para ele como que um dia infeliz numa existência inteira de prosperidade.

134. "Por que nascem uns na indigência e outros na opulência? por que uns nascem cegos, surdos, mudos, sofrendo enfermidades incuráveis, enquanto outros desfrutam todos os dotes físicos? Isto é um efeito do acaso, ou da Providência?"

— Se fosse efeito do acaso não haveria Providência; se fosse um efeito da Providência, perguntaríamos: onde a sua bondade e a sua justiça? Por não compreenderem a causa desses males, muitíssimas pessoas se inclinam a acusar a Providência. Compreende-se que aquele que se vê atormentado pela miséria ou pelas enfermidades, ocasionadas por seus excessos ou suas imprudências, seja castigado naquilo em que pecou. *Se, porém, a alma foi criada ao mesmo tempo que o corpo,* que é que fez para merecer tamanhas aflições, *desde o seu nascimento,* ou para se achar isenta das mesmas? Se se admite a justiça de Deus, há que admitir-se que aquele efeito procede de uma causa. Se esta causa não se encontra durante a vida, deve existir antes dela, porque em todas as coisas, a *causa deve preceder ao efeito.* Para isso é necessário, pois, que a alma tenha vivido e haja merecido uma expiação. Os estudos espíritas nos demonstram, realmente, que vários homens, nascidos na miséria, na existência anterior foram ricos e muito estimados, mas fizeram mau uso da fortuna, de cuja administração Deus lhes havia encarregado; que vários outros, poderosos, abusaram do poder e oprimiram os fracos. Por vezes se manifestam sob as ordens daquele mesmo a quem tratavam com dureza, sofrendo os maus tratos e as humilhações que fizeram sofrer aos outros.

Uma vida penosa nem sempre é uma expiação. Amiúde é uma prova escolhida pelo Espírito, na qual vê um meio para adiantar-se mais rapidamente, se a suportar com coragem. A riqueza também é uma prova, todavia mais perigosa que a miséria, pelas tentações a que dá lugar e pelos abusos que a provoca. É assim que o exemplo daqueles que viveram prova que da riqueza sai um menor número de vencedores.

A diferença das posições sociais seria a maior das injustiças, quando não é o resultado da conduta atual, se se não tivesse uma compensação. A convicção desta verdade se adquire pelo Espiritismo, que dá força para suportar as vicissitudes da vida e nos faz aceitar a nossa sorte, sem invejarmos a dos outros.

135. "Por que há idiotas e cretinos?"

— A condição do idiota e do cretino seria a menos conciliável com a justiça de Deus, na hipótese da unicidade de existência. Mesmo que seja miseranda a situação em que nasce um homem, dela pode sair pela inteligência e pelo trabalho.

Mas o idiota e o cretino são destinados ao embrutecimento e ao desprezo, do nascimento até a morte. Não há compensação possível. Por que, então, sua alma teria sido criada idiota?

Os estudos espíritas feitos em cretinos e em idiotas provam que sua alma é tão inteligente quanto a dos outros homens: a enfermidade é uma expiação infligida aos Espíritos que teriam abusado de sua inteligência e que sofrem cruelmente por se sentirem presos em laços que não podem romper, pelo desprezo de que são objeto, quando foram adulados na existência anterior. (REVUE SPIRITE, 1860, *Jun.*, pág. 173; —*Ibid*. 1861, *Out*., pág. 311.)

136. "Qual o estado da alma durante o sono?"

— Durante o sono só o corpo descansa, pois o Espírito não dorme. Provam as observações práticas que naquele instante o Espírito goza de toda sua liberdade e da plenitude de suas faculdades: aproveita o descanso do corpo e os momentos em que sua presença não é necessária para agir separadamente e ir onde quer. Durante a vida, a qualquer distância que se transporte, o Espírito está sempre unido ao corpo por um laço fluídico, que serve para regressar ao corpo quando a sua presença é necessária. Este laço só se rompe com a morte.

137. — "Qual a causa dos sonhos?"

— Os sonhos são o resultado da liberdade do Espírito durante o sono. Algumas vezes são recordações de lugares e de pessoas que o Espírito viu ou visitou naquele estado. (O LIVRO DOS ESPÍRITOS, n. 400 e seg. O LIVRO DOS MÉDIUNS, n. 284. REVUE SPIRITE, 1860, *Jan.*, pág. 11; *Mar.*, pág. 81.)

138. "De onde procedem os pressentimentos?"

— São recordações vagas e intuitivas daquilo que o Espírito aprendeu nos momentos de emancipação. Algumas vezes são avisos ocultos, dados por Espíritos simpáticos.

139 — "Por que há na Terra selvagens e civilizados?"

— Sem a existência da alma esta questão ficaria insolúvel, a não ser que admitíssemos que Deus houvesse criado almas selvagens e almas civilizadas, o que seria a negação de sua justiça. Por outro lado, a razão não admite que, após a morte, a alma do selvagem estacione perpetuamente na inferioridade, nem que se coloque no mesmo nível da alma do homem instruído. Admitindo para as almas um mesmo ponto de partida, única doutrina compatível com a justiça de Deus, a presença simultânea do selvagismo e da civilização na Terra é um fato material, que prova o progresso que uns realizaram e que outros podem realizar. Com o tempo, então, a alma do selvagem alcançará o grau da alma do civilizado. Como, porém, diariamente morrem selvagens, suas almas só alcançarão esse grau em sucessivas encarnações, cada vez mais aperfeiçoadas e apropriadas ao seu adiantamento, e passando por todos os graus intermediários daqueles pontos extremos.

140. "Não poderia admitir-se, como pensam algumas pessoas, que a alma só encarna uma vez, e que realiza o seu progresso no estado de Espírito desencarnado, ou em outras esferas?"

— Esta proposição seria admissível se na Terra os homens tivessem o mesmo nível moral e intelectual, caso em que poderia dizer-se que a Terra estaria especialmente apropriada para um determinado grau. Temos, porém, provas em contrário. Com efeito, não se compreenderia que o selvagem não pudesse chegar à civilização na Terra, de vez que existem almas mais adiantadas, encarnadas em redor dele; nem que estas últimas tenham sido compelidas a progredir em outra parte, de vez que existem almas inferiores, encarnadas no mesmo globo. Disso se deduz que a possibilidade da pluralidade de existências terrenas decorre dos próprios exemplos que temos à vista. Se fosse de outro modo, seria necessário explicar:

1.º — porque só a Terra teria o monopólio das encarnações;

2.º — porque, tendo esse monopólio, nela se acham encarnadas almas de todas as categorias.

141. "Por que, em meio à sociedade civilizada se encontram seres cuja ferocidade é igual a dos selvagens mais bárbaros?"

— São Espíritos muito inferiores, oriundos de raças bárbaras, que ensaiaram uma reencarnação em um meio que lhe não é próprio e onde se encontram deslocados, assim como um homem rústico que se achasse na alta sociedade.

Observação — Sem negar a Deus toda bondade e toda justiça, não poderá admitir-se que a alma de um criminoso endurecido tivesse, na vida atual, o mesmo ponto de partida que a de um homem adornado de todas as virtudes. Se a alma não fosse anterior ao corpo, a do criminoso e a do homem de bem teriam o mesmo grau de inconsciência. Por que a primeira seria má, e a segunda, boa?

142. "De que depende o caráter distintivo dos povos?"

— São Espíritos que tendo pouco mais ou menos os mesmos gostos e as mesmas inclinações, se encarnam num meio simpático e amiúde no mesmo meio onde possam satisfazer os seus desejos.

143. "Como progridem e como degeneram os povos?"

— Se a alma fosse criada ao mesmo tempo que o corpo, as dos homens de hoje seriam tão primitivas quanto as dos homens da Idade Média. Neste caso, perguntaremos: por que têm aquelas costumes mais suaves e uma inteligência mais desenvolvida? Se, quando morre o corpo, a alma abandonasse definitivamente a Terra, voltaríamos a perguntar: qual o fruto do trabalho realizado para melhorar um pouco, se fosse necessário recomeçá-lo, com todas as novas almas, que chegam diariamente?

Os Espíritos se encarnam num meio simpático e conforme seu grau de adiantamento. Um chinês, por exemplo, que progrediu bastante e não encontra em sua raça o meio correspondente ao nível já alcançado, encarnar-se-á num povo mais adiantado. À medida que uma geração dá um passo à frente, atrai por simpatia novos Espíritos mais adiantados, que talvez tivessem vivido anteriormente no mesmo país, se tiverem progredido. Assim é que, pouco a pouco, progride uma nação. Se a maioria dos povos fosse de natureza inferior, desde que os outros partem diariamente e não retornam a um centro tão mau, o povo degeneraria e acabaria por desaparecer.

Observação — Estas perguntas suscitam outras que se resolvem pelo mesmo princípio. Por exemplo: De onde procede a diversidade de raças da Terra? Há raças refratárias ao progresso? A raça negra é susceptível de chegar ao nível das raças européias? A escravidão é útil ao progresso das raças inferiores? Como pode verificar-se a transformação da humanidade?

Veja-se O LIVRO DOS ESPÍRITOS: *A lei do progresso*, n. 776 e seguintes. REVUE SPIRITE, 1862, *Jan.*, pág. 1; *Ibid.*, 1862, *Abr.*, pág. 97.

O HOMEM APÓS A MORTE

144. "Como se separa a alma do corpo? A separação é brusca ou gradativa?"

— O desprendimento se dá gradativamente e com uma lentidão variável, segundo os indivíduos e as circunstâncias da morte. As ligaduras que unem a alma ao corpo só pouco a pouco se partem e tão menos rapidamente quanto mais material e sensual foi a vida. (O LIVRO DOS ESPÍRITOS, n. 155.)

145. "Qual a situação da alma, imediatamente após a morte do corpo? Tem instantaneamente consciência de si mesma? Numa palavra: que vê e pressente?"

— No momento da morte, a princípio tudo é confuso; a alma necessita de algum tempo para se reconhecer; sente-se atordoada e no estado de um homem que saísse de um sono profundo e que se esforçasse por se dar conta da situação. A lucidez das idéias e a lembrança do passado voltam à medida que se apaga a influência da matéria de que acaba de se desprender, e à medida que se dissipa a névoa que obumbra os seus pensamentos.

O período de turvação que se segue à morte é muito variável. Pode ser de algumas horas apenas, como pode ser de muitos anos. É menos longo nos que se identificaram em vida com o estado futuro, porque compreendem imediatamente a sua situação. Ao contrário, é tanto mais longo quanto mais material foi a vida.

A sensação que a alma experimenta naquele momento também é muito variável. A turbação que se segue à morte nada tem de penosa para o homem de bem; está calma e em tudo se assemelha à calma de um agradável despertar. Para aquele cuja consciência não é pura e que teve mais apego à vida material que à espiritual, é desassossegado e cheio de angústias, que aumentam à medida que se vai reconhecendo. Porque então dele se apodera o medo, uma espécie de terror em presença do que vê e, sobretudo, do que pressente.

Experimenta um grande alívio e um imenso bem-estar, cuja sensação poderia chamar-se física; encontra-se como que aliviado de um peso, e feliz por não sentir as dores corpóreas que sofria poucos momentos antes de sentir-se livre, desembaraçado e leve, como se lhe houvessem tirado pesadas cadeias.

Em sua nova situação a alma vê e ouve o que via e ouvia antes da morte; mas vê e ouve, além disso, as coisas que escaparam à grosseria dos órgãos físicos. Tem sensações e percepções que nos são desconhecidas.

Observação — Estas respostas, bem como todas as relativas à situação da alma após a morte ou durante a vida não resultam de uma teoria ou de um sistema, mas de estudos diretos, feitos em milhares de seres observados em todas as fases e em todos os períodos de sua existência espiritual, desde o grau mais baixo até o mais elevado na escala, segundo os costumes da vida terrena, o gênero de morte, etc. Muitas vezes se diz, falando da vida futura, que não se sabe o que nela se passa, porque ninguém voltou. É um erro, porque, precisamente os que estão ali são os que vêm dar-nos instruções; e Deus o permite hoje, mais que em qualquer outra época, como última advertência dada à incredulidade e ao materialismo.

146. "Desprendida do corpo a alma vê a Deus?"

— As faculdades perceptivas da alma são proporcionadas à sua depuração. Só às almas elevadas é dado gozar da presença de Deus.

147. "Se Deus está em toda parte por que não podem vê-lo todos os Espíritos?"

— Deus está em toda parte porque irradia em toda parte e, pode dizer-se, o universo está imerso na divindade como nós estamos imersos na luz do Sol. Entretanto os Espíritos atrasados estão como que envoltos numa névoa que os oculta aos seus olhos e só se dissipa à medida que se purificam e se desmaterializam. Os Espíritos inferiores, quanto à possibilidade de ver a Deus, são como os encarnados, quanto aos Espíritos — verdadeiros cegos.

148. "Depois da morte tem a alma consciência de sua individualidade? como a constata? como podemos nós constatá-lo?"

— Se as almas não tivessem individualidade depois da morte, para elas, tanto quanto para nós, seria como se não existissem. E as conseqüências morais seriam exatamente as mesmas: não teriam qualquer caráter distintivo e a do criminoso estaria no mesmo pé que a do homem de bem, do que resultaria que nenhum interesse haveria em praticar o bem.

Põe-se de manifesto a individualidade da alma, de um modo quase material, nas manifestações espíritas, pela linguagem e pelas peculiaridades de cada uma. Desde que pensam e agem de modo diversos; que umas são boas e outras más, uma instruídas e outras ignorantes; que umas querem o que outras não querem, temos a prova evidente de que não se acham confundidas num todo homogêneo — isto sem mencionar as provas patentes, que nos dão, de haverem animado tal ou qual indivíduo na Terra. Graças ao Espiritismo experimental, a individualidade da alma já não é uma coisa vaga, mas o fato da observação.

A alma prova, por si mesma, a sua individualidade, porque tem sua vontade e raciocínio próprios, diferentes dos demais; prova-o, ainda, por seu envoltório fluídico, ou perispírito, espécie de corpo limitado, que a torna um ser distinto.

Observação — Certas pessoas pensam fugir à acusação de materialismo, admitindo um princípio inteligente universal, do qual absorvemos, ao nascer, uma pequena parte, que constitui a alma e que, após a morte, a devolvemos ao reservatório comum, onde se funde, como as gôtas d'água no oceano. Tal sistema, espécie de troca, nem ao menos merece o nome de espiritualismo, porque é tão prejudicial quanto o materialismo. O reservatório comum de todo universal equivaleria ao nada, desde que nele já não existiriam individualidades.

149. "O gênero de morte influi no estado da alma?"

— O estado da alma varia consideravelmente, conforme o gênero de morte; mas, sobretudo, conforme a natureza dos hábitos durante a vida.

Na morte natural, o desprendimento se verifica gradualmente e sem arrancos; às vezes, até, principia antes de haver cessado a vida. Na morte violenta por suplício, suicídio ou acidente, os laços se rompem bruscamente. Surpreendido de improviso, o Espírito fica como que atordoado pela mudança que em si se opera, sem poder explicar-se a situação. Neste caso

165

um fenômeno quase constante é a persuasão de não haver morrido — e esta ilusão pode durar meses e até muitos anos.

Em tal estado, vai e vem e pensa estar ocupado em seus negócios, como se ainda pertencesse à Terra; e fica muito admirado de que não lhe respondam às perguntas que faz. Esta ilusão não é apenas peculiar às mortes violentas: também se verifica em muitos indivíduos cuja vida foi absorvida pelos prazeres e pelos interesses materiais. (O LIVRO DOS ESPÍRITOS, n. 165. — REVUE SPIRITE, 1858, *Jun.*, pág. 166; — *Ibid.* 1858, *Nov.*, pág. 326; — *Ibid.* 1859, *Jun.*, pág. 184; — *Ibid.* 1859, *Out.*, pág. 319; — *Ibid.* 1863, *Març.*, pág. 87.)

150. "Para onde vai a alma após abandonar o corpo?"

— Não se perde na imensidade do infinito, como geralmente se pensa: fica errante no espaço, e as mais das vezes, junto àqueles a quem amou, sem que por isso, entretanto, deixe de poder transportar-se a imensas distâncias.

151. "Conserva a alma as afeições que tinha na Terra?"

— Conserva todas as afeições morais; só esquece as materiais, que não mais pertencem à sua essência. Por isto volve com muito prazer a ver os parentes e amigos. E esta recordação a torna feliz. (REVUE SPIRITE, 1860, *Jul.*, pág. 202. *Ibid.* 1862, *Mar.*, pág. 132.)

152. "Conserva a alma a lembrança daquilo que fez na Terra? Interessa-se pelos trabalhos que deixou inacabados?"

— Isto depende de sua elevação, como da natureza desses trabalhos. Os Espíritos desmaterializados pouco se preocupam com as coisas materiais, felicitando-se por se verem livres delas. Quanto aos trabalhos que iniciaram, conforme sua importância e utilidade, às vezes inspiram a outros a idéia de os concluir.

153. "Encontra a alma no mundo dos Espíritos os parentes e amigos que a precederam?"

— Não só volta a encontrá-los, como a muitos outros, que havia conhecido em existências pretéritas. Geralmente aqueles que mais a estimam vêm recebê-las à sua chegada ao mundo espiritual, ajudando-a a desprender-se dos laços terrenos. Sem embargo, a privação da vista das almas mais queridas é, por vezes, um castigo para as que são culpadas.

154. "Na outra vida qual é o estado intelectual e moral da alma de uma criança morta em tenra idade? Suas faculdades se acham na infância, como durante a vida material?"

— O incompleto desenvolvimento dos órgãos da criança não permitia que o Espírito se manifestasse completamente. Desembaraçado desse invólucro, suas faculdades são o que eram antes da encarnação. Não tendo passado o Espírito senão alguns instantes na vida, suas faculdades não teriam podido modificar-se.

Observação — Nas comunicações espíritas pode, pois, o Espírito de uma criança falar como o de um adulto, porque pode ser um Espírito muito adiantado. Se, por vezes, usa uma linguagem infantil, é para não privar a mãe do encanto, unido ao afeto, de um ser débil e delicado, adornado com as graças da inocência. A mesma pergunta poderia ser feita sobre o estado dos cretinos, idiota e loucos, após a sua morte. A solução, entretanto, está no que precede.

155. "Qual a diferença, após a morte, entre a alma de um sábio e a de um ignorante? a de um selvagem e a de um civilizado?"

— Pouco mais ou menos a mesma que entre elas existia durante a vida; porque a entrada no mundo dos Espíritos não dá às almas todos os conhecimentos que lhe faltavam na Terra.

156. "Depois da morte as almas progridem moral e intelectualmente?"

— Progridem mais ou menos, conforme a sua vontade; algumas progridem muito. Necessitam, entretanto, pôr em prática, durante a vida corporal, aquilo que adquiriram em conhecimento e em moralidade. As que ficaram estacionárias voltam a empreender uma existência análoga a que deixaram; as que progrediram merecem uma reencarnação de ordem mais elevada.

Como o progresso depende da vontade do Espírito, alguns conservam durante muito tempo os gestos e as inclinações que tinham durante a vida e persistem nas mesmas idéias (REVUE SPIRITE, 1858, *Mar.*, pág. 82; *Ibid.*, *Mai.*, pág. 145; *Ibid.*,

Jun., pág. 186; *Ibid.*, 1859, *Dez.*, pág. 344; *Ibid.*, 1860, *Nov.*, pág. 325; *Ibid.*, 1861, *Abr.*, pág. 126.)

157. "Na vida futura a sorte do homem fica estabelecida irrevogàvelmente após a morte?"

— Não. Isto seria a negação absoluta da justiça e da bondade de Deus, pois há muitos que não puderam instruir-se suficientemente, além dos idiotas, dos cretinos, dos selvagens e das inumeráveis crianças que morrem antes de haverem vislumbrado a vida. Até entre as pessoas ilustradas, haverá muitas que se possam considerar bastante perfeitas para que sejam dispensadas de maior adiantamento? E acaso não é uma prova manifesta que Deus, infinitamente bondoso, permite que o homem faça no dia seguinte aquilo que não pôde fazer na véspera? Se a sorte estivesse irrevogavelmente fixada, por que morrem homens em tão diversas idades? por que Deus, sumamente justo, não concede a todos tempo suficiente para que reparem o mal que haviam feito? Quem sabe se o culpado, que morre aos trinta anos, não se teria arrependido e voltado como um homem de bem, se tivesse vivido até os sessenta? Por que lhe tira Deus o meio de o conseguir, de vez que a concede a outros? Só o fato da diferença de duração da vida e do estado moral da maioria dos homens prova a impossibilidade — se se admite a justiça divina — de que a sorte das almas esteja irrevogàvelmente fixada depois da morte.

158. "Na vida futura, qual a sorte das crianças mortas em tenra idade?"

— Esta questão é uma das que melhor provam a justiça e a necessidade da pluralidade de existências. Uma alma que apenas tenha vivido alguns instantes, não tendo feito nem bem, nem mal, nem merece prêmio, nem castigo. Porque, segundo o princípio de Cristo, de que *a cada um será dado conforme as suas obras,* seria tão ilógico quanto contrário à justiça de Deus admitir-se que sem o menor trabalho fosse chamado a gozar da perfeita ventura dos anjos, ou que desta ventura pudesse ver-se privado. E, não obstante, deverá ter uma sorte qualquer, de vez que um estado misto e eterno também seria absolutamente injusto. Não podendo ter para a alma qualquer conseqüência uma existência interrompida no início, sua sorte atual será a que tiver merecido uma precedente existência, assim como a futura será a que merecer por suas ulteriores encarnações.

159. "As almas têm ocupações em outra vida? Ocupam-se de algo além de seus prazeres e de seus sofrimentos?"

— Se as almas só se ocupassem de si mesmas por toda a eternidade, seriam egoístas; e Deus, que condena o egoísmo, não pode consentir na vida espiritual aquilo que pune na vida material. As almas ou Espíritos têm ocupações proporcionadas ao seu grau de progresso; ao mesmo tempo procuram instruir-se e melhorar-se. (O LIVRO DOS ESPÍRITOS, n. 558.)

160. "Em que consistem os sofrimentos da alma depois da morte? As culpadas são torturadas em chamas materiais?"

— A Igreja reconhece hoje perfeitamente que o fogo do Inferno é um fogo moral e não material; mas não define a natureza dos sofrimentos. As comunicações espíritas no-lo manifestam claramente. Por meio delas podemos apreciá-lo e convencer-nos de que, se bem não sejam o resultado de um fogo material — que, com efeito não podiam queimar as almas, que são imateriais — nem por isto deixam de ser menos terríveis em certos casos. Estas penas não são uniformes: variam ao infinito, segundo a natureza e o grau das faltas cometidas e amiúde são as próprias faltas que lhes servem de castigo. É assim que certos assassinos são atraídos a permanecer no local do crime e têm incessantemente a visão das suas vítimas; o homem sensual e material conserva os mesmos gostos, mas impossibilitado de os satisfazer materialmente, o que lhe é um tormento; certos avarentos têm a sensação do frio e das privações que se impuseram em vida, por avareza; outros vêem o ouro e sofrem por não poderem tocá-lo; ainda outros permanecem junto aos tesouros que esconderam, presas da contínua angústia do temor de que lhos roubem. Numa palavra, não há uma falta, ou uma imperfeição moral, ou uma ação má, que não tenha no mundo dos Espíritos sua contrapartida e suas naturais conseqüências, para o que não é necessário um lugar determinado e circunscrito, por isso que, onde quer que se ache, o Espírito perverso leva consigo o seu inferno.

Além das penas espirituais existem as penas e provas materiais, que o Espírito ainda não purificado sofre em nova encarnação, cuja posição lhe facilita os meios de suportar aquilo que fez os outros sofrerem: ser humilhado, se tiver sido orgulhoso, miserável, se tiver sido rico; infelicitado pelos filhos, se tiver sido mau pai; infeliz com os pais, se tiver sido mau filho, etc. Como temos dito, a Terra é para os Espíritos desta natureza um dos lugares de desterro e de expiação, *um purgatório*, do qual podem libertar-se, de vez que deles mesmos depende não voltar, se procurarem melhorar-se tanto que mereçam passar a um mundo melhor. (O LIVRO DOS ESPÍRITOS, n. 237; — *Ibid.*, livro quarto; REVUE SPIRITE, 1858; *Mar.*, pág. 79; — *Ibid.* 1858, *Jun.*, pág. 166; — *Ibid.* 1858, *Nov.*, pág. 331; — *Ibid.* 1859, *Out.*, pág. 275; *Ibid.* 1860, *Fev.*, pág. 61; — *Ibid.* 1860, *Set.*, pág. 247; — *Ibid.* 1860, *Nov.*, pág. 316; — *Ibid.* 1860, *Nov.*, pág. 325; — *Ibid.* 1860, *Dez.*, pág. 384; — *Ibid.* 1861, *Agô.*, pág. 270.)

161. "É útil a prece pelas almas que sofrem?"

— A oração é recomendada pelos bons Espíritos e, além disso, solicitada pelos que sofrem, como um meio de lhes aliviar os sofrimentos. A alma pela qual se ora experimenta um alívio porque tem um testemunho do interesse que por ela manifestamos e porque o infeliz sempre se alegra quando encontra corações caridosos que compartilham de suas dores. Ademais, pela oração incitamo-las ao arrependimento e ao desejo de fazer o necessário para tornar-se feliz. É assim que podem observar-se as suas penas, se ela nos acompanhar com a sua boa vontade. (O LIVRO DOS ESPÍRITOS, n. 664. — REVUE SPIRITE, 1859, *Nov.*, pág. 315.)

162. "Em que consistem os gozos das almas felizes? Passam uma eternidade contemplativa?"

— Requer a justiça que o prêmio seja proporcional ao mérito, assim como o castigo à gravidade da falta. Existem, pois, uma infinidade de graus nos gozos da alma, desde o instante em que entra no caminho do bem, até que haja alcançado a perfeição.

A ventura dos bons Espíritos consiste em conhecer todas as coisas, não ter ira, ciúmes, inveja, ambição, nem qualquer das paixões que constituem a infelicidade dos homens. Para eles o amor que os une é fonte de suprema felicidade; não experimentam as necessidades, nem os sentimentos, nem as angústias da vida material. Um estado de perpétua contemplação seria uma dita estúpida e monótona, como a do egoísta, de vez que sua existência seria uma inutilidade sem termo. A vida espiritual, ao contrário, é uma incessante atividade para os Espíritos, pelas missões que recebem do Ser Supremo, como agentes no governo do universo, missões essas proporcionadas ao seu adiantamento, e pelas quais se consideram felizes, porque lhes proporcionam oportunidades de se tornarem úteis e de realizar o bem. (O LIVRO DOS ESPÍRITOS, n. 558. — REVUE SPIRITE, 1860, *Nov.*, pág. 321. — *Ibid.* 1861, *Jun.*, pág. 79.)

Observação — Convidamos os adversários do Espiritismo e aqueles que não admitem a reencarnação a que apresentem uma solução mais lógica para os problemas aqui tratados, baseando-se num princípio diverso do da pluralidade das existências.

Leia também:

O EVANGELHO DOS HUMILDES

Eliseu Rigonatti

Este livro tem origem na fonte inexaurível do Evangelho, e o seu mérito está em ter reunido todos os ensinamentos do Espiritismo até o dia de hoje, e com eles comentar, analisar, explicar, pôr ao alcance dos leitores cada um dos versículos do Evangelho Segundo S. Mateus. E quem diz Evangelho lembra a palavra de Jesus, a qual, nas palavras deste livro, "não envelhecerá; só ela não passará. Rocha inamovível dos séculos, cada geração descobre na palavra de Jesus uma faceta sempre mais brilhante que a anterior, que reflete mais luz, que mais ilumina os viajores que demandam a pátria celeste por entre os caminhos da Terra".

O EVANGELHO DOS HUMILDES foi redigido em linguagem cristalina e que tem o dom da penetração. Eliseu Rigonatti, autor de obras úteis e bem fundamentadas sobre a doutrina espírita, dedicou o volume "aos mansos, porque meu Mestre os chamou bem-aventurados. Almas ternas que repelis a violência, e sabeis usar a força do Amor, este livro vos anuncia o novo mundo que ides possuir!"

EDITORA PENSAMENTO

A CLARIVIDÊNCIA

C. W. Leadbeater

O Autor, ocultista bem fundamentado e teósofo conhecido e respeitado no mundo todo, foi um pesquisador sempre firme e incansável do lado oculto da natureza e dos poderes latentes no ser humano. C. W. Leadbeater estudou em Oxford. Com a morte do pai, abandonou a universidade, passando a acolitar um tio na Igreja Anglicana, realçando-se como sacerdote até 1884. Convencido de que a fé não pode ser um ato cego, dedicou-se aos estudos psíquicos e ao Ocultismo. Leu as obras de Sinnett e, logo depois, esteve com Blavatsky, encontro esse que o fez deixar a Igreja Anglicana e ingressar na Sociedade Teosófica. Acompanhou HPB à Índia, onde pôde elevar a níveis ótimos as suas faculdades de clarividente.

Neste volume, Leadbeater expõe com muita clareza os diversos tipos de clarividência: a clarividência simples; a clarividência no espaço; a clarividência no tempo e os métodos de desenvolvimento da clarividência. Traduziu-o o poeta e pensador português Fernando Pessoa.

EDITORA PENSAMENTO

GUIA PARA O CONHECIMENTO DE SI MESMO

Angela Maria La Sala Batà

É este um livro que leva em conta a necessidade básica de cada indivíduo conhecer-se a Si mesmo, analisar-se com objetividade, enquanto procura trazer à luz energias ocultas, a fim de que, pouco a pouco, possa revelar a essência íntima de sua natureza, o verdadeiro Eu.

Desejos em conflito, instintos, emoções, pensamentos, sonhos, o inconsciente, tudo é considerado material de trabalho de formação e autoconhecimento.

A Autora se formou no ambiente espiritual da Escola Arcana de Alice A. Bailey e na atmosfera de pesquisa psicológica criada por Roberto Assagioli. Além dos vários trabalhos de Psicologia Espiritual, Angela Maria La Sala Batà muito tem contribuído com ensinamentos esotéricos aplicados à terapia dos desajustamentos psíquicos e das enfermidades nervosas.

No GUIA PARA O CONHECIMENTO DE SI MESMO, que a Editora Pensamento lança no Brasil, tendo em vista apresentar ao leitor de língua portuguesa a obra dessa Autora, de forma clara e didática são traçadas diretrizes pelas quais o estudioso de Psicologia Espiritual poderá atingir o verdadeiro Eu, ou a Alma. A consecução desse objetivo, como diz A. Bailey, o levará a "descobrir a verdade mais profunda e luminosa da existência humana, experimentada, comprovada e vivida por todos os místicos, iluminados e intuitivos, ou seja, que, encontrando-se a Si mesmo, encontra-se Deus".

EDITORA PENSAMENTO